Notas e Comentários à Revisão do Regime Jurídico dos Instrumentos de Gestão Territorial de 2015

Notas e Comentários à Revisão do Regime Jurídico dos Instrumentos de Gestão Territorial de 2015

2015

Fernanda Paula Oliveira
Professora Auxiliar da Faculdade de Direito de Coimbra

NOTAS E COMENTÁRIOS À REVISÃO DO REGIME JURÍDICO DOS INSTRUMENTOS DE GESTÃO TERRITORIAL DE 2015
AUTORA
FERNANDA PAULA OLIVEIRA
EDITOR
EDIÇÕES ALMEDINA, S.A.
Rua Fernandes Tomás, nºs 76, 78 e 80
3000-167 Coimbra
Tel.: 239 851 904 · Fax: 239 851 901
www.almedina.net · editora@almedina.net
DESIGN DE CAPA
FBA.
PRÉ-IMPRESSÃO
EDIÇÕES ALMEDINA, S.A.
IMPRESSÃO E ACABAMENTO
PAPELMUNDE

Junho, 2015
DEPÓSITO LEGAL
394384/15

Apesar do cuidado e rigor colocados na elaboração da presente obra, devem os diplomas legais nela referidos ser sempre objecto de confirmação com as publicações oficiais.
Toda a reprodução desta obra, por fotocópia ou outro qualquer processo, sem prévia autorização escrita do Editor, é ilícita e passível de procedimento judicial contra o infractor.

 GRUPOALMEDINA

BIBLIOTECA NACIONAL DE PORTUGAL – CATALOGAÇÃO NA PUBLICAÇÃO
OLIVEIRA, Fernanda Paula, 1967-
Notas e comentários à revisão do regime jurídico dos instrumentos de gestão territorial de 2015. – (Monografias)
ISBN 978-972-40-6113-9
CDU 349

CONSIDERAÇÕES GERAIS

i. Acabou de ser publicado o Decreto-Lei nº 80/2015, de 14 de maio, que vem desenvolver a Lei das Bases Gerais da Política Pública de Solos, de Ordenamento do Território e de Urbanismo (doravante Lei de Bases), aprovada pela Lei nº 31/2014, de 30 de maio. Trata-se do diploma que vem substituir o Decreto-Lei nº 380/99, de 22 de setembro e sucessivas alterações (que havia aprovado o Regime Jurídico dos Instrumentos de Gestão Territorial, que é por este revogado), passando a ser ele que define, a partir de agora, o regime de coordenação dos âmbitos nacional, regional, intermunicipal e municipal do sistema de gestão territorial, o regime geral de uso do solo e o regime de elaboração, aprovação, execução e avaliação dos instrumentos de gestão territorial.

Ainda que o legislador tenha optado por revogar o Regime Jurídico dos Instrumentos de Gestão Territorial (RJIGT), percebe-se que este é a base do novo diploma, mantendo-se, no seu essencial, a respetiva estrutura e grande parte dos artigos. Dada esta continuidade, e o facto de legislador, no preâmbulo, se lhe referir como a *revisão do Regime Jurídico dos Instrumentos de Gestão Territorial*, continuaremos a nomear este regime que agora é aprovado como o anterior e utilizando a sigla pelo qual ele é já famoso (RJIGT).

ii. As grandes novidades agora introduzidas anteviam-se, na medida em que são uma decorrência imediata das novidades que haviam sido introduzidas pela Lei de Bases.

O presente texto visa apresentar algumas notas e breves comentários a essas novidades. A análise será aqui feita pela ordem dos artigos, mas agregando as questões por grandes temas, ainda que, de forma a tornar a sua análise mais clara, sigamos uma ordem sequencial, isto é, enumerando essas novidades pela ordem como elas aparecem no diploma.

1. Das Alterações em Matéria dos Instrumentos de Gestão Territorial

1.1. A diferenciação da Lei de Bases entre planos e programas
A Lei de Bases veio introduzir, tendo em conta o princípio da tipicidade dos instrumentos de gestão territorial – de acordo com o qual a Administração não pode elaborar os planos que entender, mas apenas aqueles que a lei prevê de um modo típico[1] –, uma diferenciação entre programas, *"que estabelecem o quadro estratégico de desenvolvimento territorial e as suas diretrizes programáticas ou definem a incidência espacial de políticas nacionais a considerar em cada nível de planeamento"* e planos, que *"estabelecem opções e ações concretas em matéria de planeamento e organização do território bem como definem o uso do solo"*. Diferenciação que tem importância para vários efeitos, sendo o mais relevante o da eficácia destes instrumentos: enquanto os programas apenas vinculam entidades públicas, os planos vinculam as entidades públicas e ainda, direta e imediatamente, os particulares (46º, nºs 1 e 2 da Lei de Bases).

Note-se que até à Lei de Bases o conceito de programa tinha sido reservado para o Programa Nacional da Política de Ordenamento do Ter-

---

[1] Dito de outro modo, o sistema de gestão territorial está concebido como um conjunto articulado de instrumentos tipificadamente identificados pelo legislador (quer quanto ao seu conteúdo, quer quanto aos respetivos efeitos quer, ainda, quanto ao procedimento da sua elaboração), que a Administração deverá utilizar consoante a finalidade que pretenda atingir. Cfr. CORREIA, Fernando Alves, *O Plano Urbanístico, e o Princípio da Igualdade*, Coimbra, Almedina, 1998, p. 287, e *Manual de Direito do Urbanismo*, Vol. I, 4ª Edição, Coimbra, Almedina, 2008, p. 649 e ss. A finalidade principal deste princípio é a de evitar a proliferação de mecanismos de intervenção territorial e urbanística dispersos e desconhecidos dos seus destinatários.

ritório, por ele ser a sede própria para a fixação das grandes opções de organização do território nacional e do quadro de referência a considerar na elaboração dos demais instrumentos de gestão territorial, detendo, por isso, inequivocamente, um caráter programático.

Aparentemente convencido de que o planeamento é incompatível com a formulação de diretrizes mais programáticas, apenas sendo realizável através de opções concretas e da definição do regime do uso do solo, o legislador veio afastar do conceito de plano de realidades que anteriormente como tal eram qualificadas: os agora renomeados programas setoriais, especiais[2] e regionais (artigos 40º, nºs 3 a 5, e 41º da Lei de Bases).

A opção adotada revela-se, já foi referido noutro local[3], duvidosa, pois sempre se admitiu, no seio das normas de planeamento territorial, a existência de algumas com um conteúdo mais programático e de outras com um índole mais operativo e de execução, não existindo nenhuma incompatibilidade entre a enunciação de diretivas ou de linhas gerais, normalmente de ordenamento do território, e o conceito de plano.

Com a opção tomada, o legislador acabou por restringir o conceito de plano praticamente às realidades urbanísticas, na medida em que, salvo em parte com o plano diretor municipal, deixa de haver planos com a finalidade de prossecução da política de ordenamento do território.

Acresce que a expressão programa pode revelar-se equívoca, dado que a Lei de Bases também utiliza as expressões programação da execução e programa de execução (artigo 56º), para retratar realidades que já envolvem a materialização (operacionalização) no território das opções de planeamento.

1.2. A concretização desta alteração no RJIGT

1.2.1. Algumas dúvidas não resolvidas no RJIGT

i. Dando cumprimento a esta novidade, o artigo 2º do RJIGT enumera os instrumentos de gestão territorial diferenciando os *programas* (todos os

---

[2] Estes com a novidade acrescida de perderem a eficácia plurisubjetiva que detinham.
[3] Cfr. "Primeiro Comentário à Lei de Bases Gerais da Política Pública de Solos, de Ordenamento do Território e de Urbanismo (Lei nº 31/2014, de 30 de maio)", Vasco Pereira da Silva, Carlos Lobo, Henrique Sousa Antunes, Fernanda Paula Oliveira, João Miranda, Cláudio Monteiro e André Salgado de Matos, *e-publica – Revista Eletrónica de Direito Público*, Nº 2, junho de 2014, *in* – http://e-publica.pt/plot.html

de nível nacional e de nível regional e parte dos de nível intermunicipal) e os *planos* (parte dos de nível intermunicipal e todos os de nível municipal). Temos, assim, agora, no nível nacional, para além do programa nacional da política de ordenamento do território, os programas setoriais e os programas especiais (nº 2 do artigo 2º), no nível regional, os programas regionais (nº 3 do artigo 2º), no nível intermunicipal os programas intermunicipais [alínea a) do nº 4 do artigo 2º] e os planos intermunicipais, concretamente, plano diretor, plano de urbanização e plano de pormenor intermunicipais [alíneas b) a d) do nº 4 do artigo 2º] e no nível municipal os planos municipais (plano diretor, plano de urbanização e plano de pormenor) – nº 5 do artigo 2º

Na sequência do previsto na Lei do Solo, o artigo 3º diferencia os planos dos programas, quanto à respetiva eficácia jurídica, sendo muito claro em afirmar que os programas territoriais apenas vinculam entidades públicas e não direta e imediatamente os particulares.

ii. Perante esta clareza, não deixa de suscitar perplexidade a afirmação, nada clara, pelo contrário, dúbia, que surge no nº 3 do artigo 3º (repetindo, aliás, o que constava já do nº 3 do artigo 46º da Lei de Bases, mas com a agravante de não desenvolver nem clarificar, como lhe competia, o seu sentido) de que *"O disposto nos números anteriores não prejudica a vinculação direta e imediata dos particulares relativamente a normas de intervenção sobre a ocupação e utilização de espaços florestais."*[4]

Com efeito, ainda que o RJIGT reconheça, como reconhece, que as *normas de intervenção sobre a ocupação e utilização de espaços florestais* são programas setoriais [cfr. a título de exemplo o artigo 14º, nº 2 e o nº 2 do artigo 39º onde, inclusive, na alínea a) expressamente se mencionam os *programas* respeitantes às florestas], e ainda que afirme expressamente que os programas não são diretamente vinculativos dos particulares, a verdade é que se pretende, aparentemente, criar aqui um regime de exceção ao admitir que aquelas *normas sobre florestas* possam ser diretamente vinculativas dos particulares. Este normativo é, porém, em si mesmo contraditório, pois as *normas de intervenção sobre a ocupação e utilização de espaços florestais* não podem ser simultaneamente uma coisa (programas setoriais)

---

[4] A expressão que consta da Lei de Bases é a de *"normas legais e regulamentares em matéria de recursos florestais"*.

e o seu contrário (vincularem diretamente os particulares). Existe, de facto, uma contradição entre o nº 1 e o nº 3 deste artigo 3º do RJIGT: este, admitindo que as *normas de intervenção sobre a ocupação e utilização de espaços florestais* se reconduzem ao nº 1 (com a consequência de apenas vincularem entidades públicas), acrescenta que tal não prejudica a sua vinculação direta e imediata em relação aos particulares (o que os excluiria do nº 1).

Ora, impunha-se ao RJIGT que regulasse e desenvolvesse a previsão contida na Lei dos Solos quando à eficácia das normas atinentes aos regimes florestais. Não o tendo feito, as dúvidas decorrentes da Lei de Bases permanecem: os instrumentos de programação em matéria florestal não são programas setoriais? O nº 3 do artigo 3º pretende estabelecer uma preferência absoluta dos interesses florestais sobre os outros interesses? Ou os mesmos devem ser sujeitos a ponderação como os restantes, podendo não prevalecer no caso concreto? A que normas se refere o nº 3 do artigo 3º? Os Planos Municipais de Defesa da Floresta contra Incêndios (PMDFCI) são abrangidos por esta regra?

Demasiadas dúvidas para uma disposição normativa tão simples![5]

---

[5] Não temos porém dúvidas de que os PMDFCI não cumprem exigências mínimas de ordem legal e mesmo constitucional que os permita reconduzir sequer à tipologia dos planos setoriais, designadamente as exigências de *publicidade* [essencial à produção de efeitos de qualquer ato normativo – artigo 119º, nº 2, da Constituição da Republica Portuguesa (CRP)] e, muito particularmente, de *participação dos interessados*, elevada, hoje, a exigência constitucional (nº 5 do artigo 64º da CRP). Pelo que não podem integrar o conceito de *normas de intervenção sobre a ocupação e utilização de espaços florestais* para efeitos do disposto no nº 3 do artigo 3º do RJIGT e, ainda que tenham, por isso, de ser integradas nos planos municipais de ordenamento do território, apenas através deles produzindo os respetivos efeitos, tal não obsta ao facto de as suas opções, que irão afetar de forma acentuada a esfera jurídica dos interessados, estarem privadas de qualquer discussão pública: a ela não estão sujeitos os PMDFCI, nos termos da legislação que lhes é própria, e a mesma não ocorrerá, se ele fosse considerado plano setorial, no procedimento de alteração por adaptação do plano municipal (ou intermunicipal) de ordenamento do território que integrará as suas opções (cfr. artigo 121º do RJIGT).

Por este motivo, continuamos a entender que estes instrumentos devem ser considerados como meros elementos instrutórios de apoio à elaboração dos planos municipais de ordenamento do território e não como verdadeiras "opções" de uso do solo que se impõem, sem mais, aos municípios. O que significa aceitar a proteção da floresta e das pessoas e bens contra riscos de incêndio como uma diretriz de planeamento dirigida aos municípios de forma a garantir a ponderação adequada dos riscos de incêndio, com a consequente exigência de uma maior fundamentação das suas opções sempre que estas

1. DAS ALTERAÇÕES EM MATÉRIA DOS INSTRUMENTOS DE GESTÃO TERRITORIAL

As dúvidas adensam-se quando se avança para o previsto no nº 5 deste artigo 3º segundo o qual as normas dos programas territoriais (onde se incluem as dos programas em matéria florestal) que condicionarem a ocupação e transformação do solo são obrigatoriamente integradas nos planos territoriais, solução que estando em consonância com a regra de que os programas, por não serem diretamente vinculativos dos particulares, apenas os podem afetar por via da sua integração em planos, já não faz sentido para as normas de intervenção sobre a ocupação e utilização dos espaços florestais referidas no nº 3 na medida em que, aparentemente, não estão dependentes desta integração para serem diretamente vinculativas dos particulares.

De forma a dar a esta norma um sentido útil e com vista a garantir a unidade do sistema de gestão territorial, consideramos que o nº 3 do artigo 3º do RJIGT apenas poderá ter aplicação quando for aprovado um regime legal específico que venha determinar e concretizar *que normas* de intervenção sobre a ocupação e utilização dos espaços florestais (e *em que circunstâncias*) tiram partido deste regime, sendo certo, enquanto tal não acontecer, que apenas poderão ter aplicação imediata em relação aos particulares normas com o conteúdo referido que decorram diretamente (ou estejam integradas) da lei, como é o caso do disposto no nº 3 do artigo 16º do Decreto-Lei nº 124/2006, de 28 de junho (na versão do Decreto-Lei nº 17/2009, de 14 de janeiro).

Por todas as dúvidas que esta norma levanta, não podemos deixar de dar uma nota negativa à solução preconizada, na medida em que ela será, já o antevemos, foco de vários litígios, conflitos e leituras divergentes, que a lei devia ter evitado.

1.2.2. A transformação dos planos especiais em programas especiais

i. Outra importante novidade em termos de tipicidade dos instrumentos de gestão territorial introduzida pela Lei de Bases foi a integração dos planos especiais na categoria dos programas, determinando o fim

---

não estejam em absoluta consonância com as cartas de integradas naqueles planos, fundamentação que terá de ter na sua base, devidamente explicitadas, designadamente as especificidades e exigências municipais. Uma diretriz, portanto, que impõe uma obrigação de meios e não necessariamente de resultados. Sobre esta questão vide o nosso *A Discricionariedade de Planeamento Urbanístico Municipal na Dogmática Geral da Discricionariedade Administrativa*, Coimbra, Almedina, 2011, pp. e 506 e ss.

do caráter diretamente vinculativo das suas disposições em relação aos particulares.

Sempre entendemos que os planos especiais mais não eram do que planos setoriais (no sentido de regularem os usos de uma determinada zona da perspetiva de um interesse público especifico que os justifica)[6], mas dotados de um regime especial, que era, precisamente, o de serem diretamente vinculativos dos particular.

Ora, se perdem agora este seu particular regime, não vemos porque os distinguir, do ponto de vista do regime, dos programas setoriais e, por isso, porque autonomizar a sua existência.

Esta nossa crítica surge reforçada com a nova versão do RJIGT já que, denotando precisamente esta falta de *especialidade* ou *especificidade*, os programas especiais surgem tratados, ainda que separadamente, numa mesma subsecção que os programas setoriais[7], sendo que, se compararmos os artigos referentes a estes e os atinentes aos programas especiais, nada há de relevante que os diferencie: ambos são elaborados pela Administração central para a prossecução de objetivos considerados indispensáveis à tutela de interesses públicos e de recursos de relevância nacional (por isso integram o nível nacional do sistema de gestão territorial) com repercussão territorial (cfr. o artigo 39º com o artigo 42º), não havendo diferenças de maior (que não as que decorram do interesse publico a ser prosseguido em cada caso), quanto ao seu conteúdo material e documental e apenas existindo diferenciações de pormenor quanto ao procedimento da respetiva elaboração (que, de resto, com melhor veremos já de seguida, nem se justificam).

Mais. Se durante anos fazia sentido perguntar a que categoria dos instrumentos de gestão territorial se reconduziam afinal os planos de ordenamento dos parques arqueológicos – já que, enquanto o Decreto-Lei nº 131/2002, de 11 de maio os qualificava de *especiais* (conferindo-lhes, por isso, eficácia direta em relação aos particulares), o anterior RJIGT insistia em não lhes reconhecer esta natureza (retirando-lhes aquela cara-

---

[6] Distinguindo-se, por isso, dos planos globais, que estabelecem um ordenamento integral do território por eles abrangido, disciplinando todos os usos e destinos do solo ou espaço com vista à satisfação dos vários interesses com repercussão nessa área.

[7] A Subsecção II (com a epigrafe, precisamente, de *programas setoriais e programas especiais*) da Secção I (âmbito nacional) do Capitulo II (Sistema de gestão territorial).

terística) –, deixou de fazer sentido colocar agora esta questão por, precisamente, os programas especiais terem deixado de afetar diretamente os particulares, tornando indiferente a categoria a que reconduzir aqueles instrumentos de gestão territorial. O que significa que o disposto no nº 3 do artigo 42º não tem, quanto a nós, grande relevo prático, fazendo até mais sentido que estes instrumentos, vocacionados para a salvaguarda de interesses culturais, se tivessem mantido no âmbito dos programas setoriais, que é o que verdadeira (e doutrinalmente) são.[8]

ii. No que concerne aos programas setoriais propriamente ditos, os mesmos continuam a corresponder a uma *tipologia aberta*, abrangendo instrumentos muito diferenciados, designadamente do ponto de vista do respetivo conteúdo, já que a eles se reconduzem (se continuam a reconduzir) quer *estratégias de desenvolvimento respeitantes aos diversos setores da Administração central* (v.g. a Estratégia Nacional do Turismo ou a Estratégia Nacional do Desenvolvimento Sustentável) quer os *programas respeitantes aos diversos setores* (na área das florestas, da habitação, dos transportes, da biodiversidade, etc.) quer os *regimes territoriais definidos ao abrigo de lei especial* (o caso da Rede Natura 2000) quer, ainda, *as decisões de localização de grandes empreendimentos públicos com incidência territorial* (como a decisão de localização de um aeroporto, por exemplo) – artigo 39º, nº 2 do RJIGT.

Uma análise atenta do que se consideram ser programas setoriais para efeitos do RJIGT permite concluir que neles se enquadram alguns instrumentos normativos *verdadeiramente programáticos* (isto é, com normas orientadoras da ação e definidoras de objetivos a alcançar, sem conterem um conteúdo preciso, como é o casos das *estratégias*) juntamente com outros, com um grau de precisão inconciliável com a ideia de programa, correspondendo, antes, na maior parte das vezes, a uma *decisão concreta sobre a ocupação do solo* (como a decisão da localização de um grande empreendimento público). Necessário é não esquecer que estando em causa decisões que o RJIGT qualifica, para efeitos do regime nele previsto, como *programas setoriais*, as mesmas, ainda que determinando uma

---

[8] Para além de que esta opção implica interpretar extensivamente o disposto no nº 1 do artigo 42º e o nº 1 do artigo 44º já que os programas especiais, por passarem a integrar também este tipo de planos (na verdade programas), devem definir regimes de salvaguarda não apenas de *recursos e valores naturais*, mas também, de *recursos e valores culturais* ou *patrimoniais*.

localização e um conteúdo precisos para um determinado projeto ou atividade, não são diretamente vinculativos dos particulares, apenas produzindo efeitos por via da integração daquela opção num *plano*.

iii. Afirmamos antes, e o RJIGT confirma-o ao integrar na mesma subsecção a regulamentação dos programas setoriais e dos programas especiais, que estes últimos – que continuam a ter por objeto objeto a orla costeira, as áreas protegidas, as albufeiras de águas públicas, os estuários e, agora também, os parques arqueológicos (nºs 2 e 3 do artigo 42º) – não deixam de ser programas setoriais. O que os distingue, então, sendo certo que essa diferenciação já não se prende com a respetiva eficácia jurídica?

Aparentemente a sua caraterística diferenciadora está no seu conteúdo normativo: considerando estarem em causa áreas sensíveis do ponto de vista ambiental, dos riscos territoriais e da salvaguarda de alguns valores patrimoniais/culturais, os programas especiais definem exclusivamente *regimes de salvaguarda dos valores envolvidos* (naturais ou patrimoniais) e o *regime de gestão* compatível com a utilização sustentável do território, através do estabelecimento de *ações permitidas, condicionadas* ou *interditas*, em função dos respetivos objetivos (nº 1 do artigo 42º e nº 1 do artigo 44º).

Até aqui nenhuma novidade comparativamente com o regime anterior, já que era também este, precisamente, o conteúdo material de um plano especial.

O nº 6 do artigo 44º do RJIGT vem acrescentar outra norma *sem nenhuma novidade* (ainda que, quanto a nós, de enorme relevo prático): a de que as normas dos programas especiais que procedam à classificação e à qualificação do uso do solo são nulas! Com efeito, decorria já da anterior versão do RJIGT que as tarefas de classificação e de qualificação dos solos cabiam *exclusivamente aos planos municipais* (agora também aos planos intermunicipais), sendo, portanto, atribuição de entidades distintas do Estado (que é a entidade responsável pela elaboração dos planos especiais). E como sabemos, uma decisão fora do âmbito das atribuições da pessoa coletiva que a toma determina um vício de incompetência absoluta, geradora de *nulidade*.

Uma vez que não está em causa uma solução inovadora, mas meramente declarativa[9], não são apenas as normas dos futuros programas

---

[9] Trata-se, efetivamente, de uma norma com uma função marcadamente pedagógica já que algumas entidades responsáveis por planos especiais insistiam em ignorar esta realidade.

especiais que venham a classificar e qualificar solos que serão feridas de um vício gerador de nulidade, sendo também nulas todas as normas de anteriores planos especiais com este conteúdo.

Refira-se que os nºs 1 a 3 do artigo 44º são absolutamente esclarecedores quanto ao conteúdo, à função e à eficácia das normas dos programas especiais de ordenamento do território. Com efeito, uma leitura cruzada destas normas permite compreender que nem todas as normas dos programas especiais estão desprovidas de efeitos diretos em relação aos particulares e, por isso, nem todas têm de ser integradas nos planos territoriais: apenas as que, da perspetiva da salvaguarda dos valores em causa, estabelecem atividades *permitidas, condicionadas* ou *interditas* relativas *à ocupação, uso e transformação do solo*.

Fica assim felizmente afastada uma ideia, quanto a nós errada, de que todas as normas dos planos especiais que se quisessem diretamente aplicáveis aos particulares teriam de ser "vertidas" para os planos territoriais, sem o que não teriam aquela eficácia plurisubjetiva.

Esta foi uma das questões que se colocou (e foi respondida) no âmbito da definição da metodologia a adotar pelas Comissões de Coordenação e Desenvolvimento Regional (CCDRs) quanto à identificação, na sequência da entrada em vigor da Lei de Bases, das normas dos planos especiais que deveriam ser transpostas para os planos municipais (artigo 78º da Lei de Bases). Com efeito, tivemos a oportunidade de escrever a este propósito – precisamente com o intuito de esclarecer as entidades responsáveis pelos planos especiais de que nem todas as normas destes perdem eficácia direta em relação aos particulares e que não se pode (aliás, não se deve) sobrecarregar os planos municipais com disposições que não fazem parte do seu conteúdo material (sob pena de se transformarem num mero repositório de normas de diferente natureza) – o seguinte:

"1. Uma das principais novidades trazidas pela Lei de Bases da Política Pública de Solos, de Ordenamento do Território e de Urbanismo (Lei nº 31/2014, de 30 de maio) prende-se, no que ao sistema de gestão territorial diz respeito, com a eficácia dos planos especiais de ordenamento do território, que passam a integrar a categoria dos programas.

Esta novidade mais não é do que o desenvolvimento de uma tendência que havia sito introduzido pela Lei nº 48/98, de 8 de agosto, quando inovou em relação ao regime anterior que conferia a todos os instrumentos de planeamento do território eficácia direta em relação aos particulares. Com efeito, tendo mantido o caráter vinculativo de todos os instrumentos de gestão territorial em relação a todas as entidades públicas, esta lei (e o RJIGT, que a veio desenvolver), limitou a vinculação direta em relação aos particulares apenas aos planos especiais e aos planos municipais de ordenamento do território.

Pretendia-se, com esta opção, introduzir uma regulamentação com vista à salvaguarda dos interesses dos particulares e da sua confiança no ordenamento jurídico vigente, na medida em que todas as normas relativas à ocupação, uso e transformação dos solos, para lhe poderem ser apostas, teriam de estar vertidas num destes instrumentos. Ficava, assim, afastada a possibilidade, no âmbito da gestão urbanística, de invocação de outros instrumentos planificadores como fundamento para o indeferimento das suas concretas pretensões.

Não obstante este ponto comum do regime jurídico dos planos especiais e municipais de ordenamento do território, ainda assim era claro que estes dois tipos de planos dispunham de natureza e tinham objetivos bem distintos.

Deste modo, os planos especiais não eram assumidos como instrumentos de "intervenção normal" no território, sendo antes apresentados como instrumentos de carácter meramente setorial (atentos os fins que visam prosseguir), supletivo e transitório (por se destinarem a vigorar enquanto se mantivesse a indispensabilidade de tutela daqueles valores por instrumentos de âmbito nacional).

Por sua vez os planos municipais apresentavam-se (e ainda se apresentam) como instrumentos de tratamento tendencialmente global e integrado da sua área de intervenção na medida em que as suas previsões tomam em consideração todos os interesses que confluem nessa área e estabelecem métodos de harmonização entre os referidos interesses quando em relação de conflito real ou potencial.

O relevo deste tipo de planeamento decorre, de facto, da atual tendência de preterição de uma planificação setorial do território – que o olha apenas da perspetiva do interesse que a justifica, como sucede com os planos especiais – em favor de um planeamento que permita uma visão integrada e global dele.

Dispunham, ainda, cada um destes tipos de planos, de um âmbito material de incidência diferenciado, sendo aos planos municipais (e não aos planos especiais) que a lei conferia (e continua a conferir) a tarefa essencial de classificação e qualificação dos solos e, portanto, de identificação dos perímetros urbanos e delimitação das várias categorias de solos em função do seu uso dominante. Com efeito, embora ambos detivessem natureza regulamentar, que lhes conferia uma eficácia direta e imediata em relação aos particulares, esta, no que concerne aos planos especiais, advinha-lhes não da sua natural vocação para a fixação de regras de ocupação e uso do espaço – tarefa que cabe aos planos municipais –, mas para a determinação de regimes de salvaguarda de recursos e valores naturais.

Isto é, e dito de outro modo, ainda que fosse possível, aos planos especiais, fixar usos do solo (só assim era possível estabelecer regimes de salvaguarda), estes deviam tradu-

1. DAS ALTERAÇÕES EM MATÉRIA DOS INSTRUMENTOS DE GESTÃO TERRITORIAL

zir-se, tão-só, na indicação das atividades permitidas, condicionadas e proibidas com vista a salvaguardar os recursos e os valores naturais das áreas sobre que incidem: os usos nele regulados eram apenas aqueles que se considerassem compatíveis com a utilização sustentável do território.

Refira-se que para além desta sua função – de definição dos regimes de salvaguarda e, deste modo, indiretamente, da determinação de regras de uso dos solos –, os planos especiais têm ainda uma outra finalidade, não menos relevante: a da definição de regimes de gestão das suas áreas compatíveis com a utilização sustentável do território.

2. Porque nem sempre estas funções dos planos especiais foi devidamente entendida na prática – entrando estes planos, muitas vezes, em domínios que eram próprios dos planos municipais – o Decreto-Lei n.º 316/2007 veio clarificar a "distribuição" dos poderes de planeamento entre estes dois tipos de instrumentos de gestão territorial: aos planos especiais competia a identificação dos usos compatíveis com vista àquela salvaguarda e não a definição normal de regras de ocupação, uso e transformação do território ou regimes de edificabilidade; aos municipais competiria a delimitação dos perímetros urbanos (classificação dos solos), a identificação das categorias em função do uso dominante que neles pode ser estabelecido e a definição do regime de edificabilidade através da determinação de parâmetros urbanísticos (qualificação dos mesmos), naturalmente respeitando os regimes de salvaguarda instituídos pelos planos especiais.

Uma vez que esta alteração legal não implicou uma mudança de comportamentos por parte das entidades responsáveis pelos próprios planos especiais – a verdade é que grande parte dos planos especiais em vigor mantêm um conjunto de normas que não é próprio do seu conteúdo material, invadindo a esfera de atuação dos municípios – o legislador veio, mal quanto a nós, alterar a lei (que estava bem) em vez de alterar a prática (que estava mal) e optou por "cortar o mal pela raiz" retirando aos planos especiais de ordenamento do território aquilo que lhe conferia a sua especialidade: o carácter diretamente vinculativos dos particulares.

Esta solução, que não nos parece a mais adequada, trás, quanto a nós uma desvantagem, na medida em que pode não ser devidamente entendido o seu alcance. Com efeito, importa perceber o que significa perderem estes planos a sua eficácia direta em relação aos particulares e o que significa dizer que as suas normas apenas produzirão esse efeito se forem integradas (a lei utiliza a expressão "vertidas") nos planos municipais.

Ora é a este propósito que julgamos ser fundamental perceber que os planos especiais desempenham duas funções que, ainda que complementares e dirigidas ao mesmo objetivo específico – que é a salvaguarda de áreas sensíveis quer do ponto de vista ambiental quer dos riscos –, se diferenciam: a definição de regimes de salvaguarda dos valores em causa através da identificação dos usos permitidos, condicionados ou proibidos (1); e a gestão dessas áreas com vista à sua proteção (2.).

É para o cumprimento da primeira daquelas funções que o plano especial define regras que se prendem com a ocupação, uso e transformação dos solos. E são estas regras, sem dúvida, que o legislador pretende agora que apenas possam ser diretamente vinculativas dos particulares por via da sua integração nos planos municipais. Leva-se, assim, até ao fim a opção iniciada em 1998 de integração apenas num tipo de instrumentos de planeamento, de todas as normas relativas à ocupação, uso e transformação dos solos. E leva-se também até ao fim a intenção de salvaguarda dos interesses dos particulares e da sua confiança no ordenamento jurídico vigente, na medida em que apenas podem lhes podem ser apostas, para indeferir as suas concretas pretensões de ocupação do território, normas de ocupação, uso e transformação dos solos constantes de planos municipais (e agora também intermunicipais).

Deste modo, as normas dos planos especiais de ordenamento do território que perdem o seu caráter diretamente vinculativo dos particulares (e que apenas o produzem por via da sua integração nos planos municipais de ordenamento do território), são aquelas que relevam no âmbito da gestão urbanística, isto é, no âmbito dos procedimentos de autorização (ou de outra natureza) tendentes a controlar a ocupação do território, procedimentos esses em regra da responsabilidade dos municípios.

Mas os planos especiais (como aliás grande parte dos planos setoriais, designadamente os do domínio das florestas) contém ainda um conjunto de normas que não se prendem, pelo menos diretamente, com a ocupação, uso e transformação do território, mas antes com a gestão dessas mesmas áreas, normas essas cujo local adequado para constarem são, precisamente, os planos especiais e que não faz sentido passarem a ser integradas nos planos municipais por estes não serem os instrumentos de planeamento adequados para aquela gestão (nem serem os municípios as entidades competentes para a sua garantia e controlo).

A "perda" da eficácia jurídica em relação aos particulares dos planos especiais trás, assim, um equívoco que já se fazia sentir a propósito de certos planos setoriais: o equívoco de que é todo o plano, isto é, todas as suas disposições, que deixam de ser diretamente vinculativas dos particulares, quando o que se pretende com a solução legal é que apenas as normas destes planos com implicações na ocupação do território percam esse eficácia direta e sejam integradas nos planos municipais, precisamente aqueles que estão vocacionados para definir regras atinentes à ocupação, uso e transformação do território.

Todas as regras que se prendem com a gestão destas áreas, como as referentes à plantação, proteção e corte de determinadas espécies ou como as atinentes à navegação nos rios, ou como as relativas aos tipos de desportos admitidos, não têm de ser integradas nos planos municipais, desde logo porque, como facilmente se compreende, estas normas não são adequadas à função que estes planos desempenham no sistema de gestão territorial e, por isso, não são adequadas ao seu conteúdo material.

1. DAS ALTERAÇÕES EM MATÉRIA DOS INSTRUMENTOS DE GESTÃO TERRITORIAL

A integração destas normas em planos municipais também não faz sentido da perspetiva do seu controlo, na medida em que não compete aos municípios controlar este tipo de atividades e de regras, nem faz sentido que a gestão destas áreas pelas entidades por elas responsáveis tenha de ser feita a partir do plano municipal.

Isto significa que a determinação, constante da Lei nº 31/2014, de que os planos especiais não vinculam diretamente os particulares tem de ser devidamente entendida: estes planos não vinculam os particulares em tudo quanto diga respeito aos regimes de salvaguarda que tenham implicações diretas na ocupação, uso e transformação dos solos; tais normas, para adquirirem esta eficácia, têm de ser integradas nos planos municipais.

Já todas as normas referentes à gestão destas áreas, e que são exclusivamente controláveis (ou da responsabilidade) das entidades que as tutelam, não podem deixar de vincular os seus destinatários (quase sempre particulares) e de ser controladas por aquelas entidades. É o caso das normas sobre plantação e corte de espécies ou de normas de navegação ou que identificam o tipo de embarcações autorizadas a navegar num rio ou albufeira: não sendo norma de ocupação dos solos e não sendo matéria própria de plano municipal (ou intermunicipal), não tem de ser neste integrado para poderem ser apostas aos particulares. Defender o contrário é defender um absurdo."

Parece, porém, tendo em consideração o disposto no nº 3 e 4 do artigo 43º do RJIGT, que o legislador continua a não entender bem aquela que é (e deve ser) a função de um programa especial. Talvez impressionado com a nomenclatura que escolheu para designar este tipo de instrumento de gestão territorial (*programa*) e entendendo, o que é um erro, que é inconciliável o conceito de programa com o de regulamento[10], veio determinar que "*As normas de gestão das respetivas áreas abrangidas, nomeadamente, as relativas à circulação de pessoas, veículos ou animais, à prática de atividades*

---

[10] Com efeito, o que carateriza juridicamente um regulamento administrativo (no caso interessam os regulamentos que têm efeitos externos, isto é, que não esgotam a sua eficácia no interior da Administração que o emana, mas regula relações com terceiros, seja outras entidades administrativas, seja particulares), é o seu *carater normativo* assente na *generalidade e abstração* das suas determinações – os regulamentos são, efetivamente, as normas jurídicas gerais e abstratas que, no exercício de poderes jurídico-administrativos, visem produzir efeitos jurídicos externos, normas essas que podem ter um conteúdo mais concreto e preciso ou mais aberto e programático. Ora, os programas especiais não deixam, por serem programas, de poder conter normas (precisamente aquelas que se justificam da perpetiva do seu conteúdo material), normas essas que detendo as restantes caraterísticas dos regulamentos administrativos, não deixam de ter esta natureza jurídica.

desportivas ou a quaisquer comportamentos suscetíveis de afetar ou comprometer os recursos ou valores naturais a salvaguardar – regulamentação que é típica deste tipo de instrumento de gestão territorial – "*podem ser desenvolvidas em regulamento próprio, nas situações e nos termos que o programa admitir*", não podendo, porém, constar do mesmo programa(!). Portanto – solução absurda e rebuscada, nada conciliável com as tendências de simplificação procedimental para a que a legislação vem apontando nos últimos anos –, um programa especial que incida, por exemplo, sobre uma área protegida e que se destina, nos termos da lei, *a definir o regime de gestão dessas áreas* compatível com a utilização sustentável do território (nº 1 do artigo 45º), não pode conter normas de gestão destas áreas: estas têm de constar de outro instrumento – um regulamento – a sujeitar a outro procedimento de elaboração distinto do programa (com discussão pública, aprovação e publicação autónomas), que tem de ocorrer num determinado lapso temporal após a publicação do programa especial.

Em face desta solução perguntamos: aquelas normas de gestão não devem ser pensadas logo aquando da elaboração do programa, tendo em conta aqueles que são os objetivos expressos deste tipo de instrumentos de gestão territorial (nº 1 do artigo 44º)? E se forem, não podem ser logo sujeitas a discussão pública simultaneamente com a discussão pública do programa? E não podem ser aprovadas e publicadas simultaneamente com o mesmo? E se assim for, porque não podem ser nele integradas? Não vemos nenhum motivo que justifique uma resposta negativa a qualquer das perguntas colocadas, e, por isso, nada que proíba que as referidas normas de gestão sejam integradas na parte normativa do programa especial.

iv. Também do ponto de vista procedimental existem diferenças de regime entre programas setoriais e programas especiais. Mas são mínimas e, em nossa opinião nem sequer, se justificam. Senão vejamos

Como decorre de uma análise atenta dos artigos 46º a 51º do RJIGT a única diferença em termos procedimentais que se pode vislumbrar é em matéria de *acompanhamento* à respetiva elaboração (todos os restantes artigos referentes à tramitação procedimental tratam em conjunto e sem qualquer diferenciação a elaboração e aprovação dos programas setoriais e especiais).

Centremo-nos, por isso, no acompanhamento, realçando que a diferença se encontra no facto de a elaboração dos programas especiais ser acompanhada por uma *comissão consultiva* (cuja composição deve traduzir a natureza dos interesses ambientais, económicos e sociais a salvaguardar, integrando representantes de serviços e entidades da administração direta ou indireta do Estado, das regiões autónomas, das entidades intermunicipais, das associações de municípios e dos municípios abrangidos e de outras entidades públicas cuja participação seja aconselhável no âmbito do acompanhamento da elaboração do programa – nº 1 do artigo 49º) a qual, no final, emite *um parecer* escrito, enquanto os programas setoriais não têm uma fase de acompanhamento formal, se bem que o programa tenha de ser sujeito a pareceres da comissão de coordenação e desenvolvimento regional territorialmente competente, das entidades ou serviços da administração central representativas dos interesses a ponderar, bem como das entidades intermunicipais, das associações de municípios e dos municípios abrangidos (portanto, praticamente das mesmas entidades que devem integrar a comissão consultiva de acompanhamento do programa especial e que devem pronunciar-se sobre ele), sendo certo que estas entidades podem, inclusive, funcionar em conferência procedimental[11] (portanto, de forma idêntica à comissão consultiva).

Por seu lado, a lei prevê expressamente uma fase de concertação para os programas especiais e não para os programas setoriais, sem que se perceba o que fundamenta esta diferenciação, não sendo por isso aplicável aos programas setoriais, quando as entidades que devem emitir parecer não alcançarem uma posição consensual, o disposto no nº 10 do artigo 49º do RJIGT de sujeição do projeto do plano a parecer da Comissão Nacio-

---

[11] O legislador refere-se à conferência procedimental, instrumento previsto no atual Código do Procedimento Administrativo mas vocacionado para a prática em comum ou conjugadamente de *atos administrativos* e *não de atos instrumentais* como são os pareceres. Julgamos, inclusive, tendo em consideração a regulamentação constante do CPA e aplicável às conferências procedimentais, que esse regime não é o mais adequado no presente caso: assim, o que faz sentido é que as entidades, tal como sucede na comissão consultiva de acompanhamentos aos programas especiais, emanem um único parecer (o que pareceria apontar para uma conferencia decisória), mas as regras aplicáveis a este (de que basta um parecer negativo, para todo o parecer ter de ser negativo) não fazem sentido , já que os pareceres aqui em causa não são vinculativos. Julgamos, por isso, que em vez de uma remissão genérica para as conferências procedimentais, deveria ter-se procedido a uma remissão para a comissão consultiva dos programas especiais que, ainda que as entidades funcionem em conferência, não corresponde, claramente a uma conferência procedimental para efeitos do CPA.

nal do Território que vincula a entidade responsável pela elaboração do programa.

1.2.3. As dificuldades inerentes ao nível intermunicipal do sistema de gestão territorial

i) No que concerne à tipologia dos instrumentos de gestão territorial, determinava a Lei nº 48/98 que o sistema a eles reportado se encontrava organizado em três âmbitos distintos – o nacional, o regional e o municipal –, classificação que se prendia com o *nível dos interesses prosseguidos* e que permitia, assim, identificar a entidade responsável pela elaboração dos respetivos planos.

No primeiro nível incluíam-se os instrumentos de planeamento que visavam a prossecução de *interesses comuns a todo o território nacional*, definindo essencialmente o quadro estratégico para o ordenamento do mesmo e estabelecendo as diretrizes a considerar no ordenamento regional e municipal bem como a compatibilização entre os diversos instrumentos de política setorial com incidência territorial. Enquadravam-se, neste âmbito, o *PNPOT*, os *planos setoriais* e os *planos especiais* de ordenamento do território, cuja elaboração e aprovação, por visarem a prossecução de interesses com dimensão nacional, eram a responsabilidade do *Estado*.

No segundo nível, surgiam os instrumentos de gestão territorial de cariz *regional*, instrumentos que visavam a prossecução de interesses que, sendo de âmbito mais restrito que o nacional, se assumiam, contudo, como de âmbito mais amplo que o meramente local (municipal). A sua função era a de definir o quadro estratégico para o ordenamento do espaço regional em estreita articulação com as políticas nacionais de desenvolvimento económico e social, estabelecendo as diretrizes orientadoras do ordenamento municipal. Neste âmbito enquadravam-se os *planos regionais de ordenamento do território* os quais, na versão da Lei nº 48/98, seriam da responsabilidade das *regiões administrativas* (precisamente as entidades da Administração do território responsáveis pela gestão de interesses de cariz infra-estadual, mas supra local). Apenas por falta de instituição, entre nós, de regiões administrativas é que o legislador veio determinar a manutenção da responsabilidade da elaboração destes planos regionais em órgãos da Administração estadual periférica (as comissões de coordenação e desenvolvimento regional), sendo os mesmos aprovados

1. DAS ALTERAÇÕES EM MATÉRIA DOS INSTRUMENTOS DE GESTÃO TERRITORIAL

pelo Estado. Em causa estão, não obstante este facto, instrumentos que visam a prossecução de *interesses territoriais "intermédios"* entre os interesses nacionais e os interesses locais (municipais).

Por fim, no terceiro nível encontravam-se os instrumentos de *âmbito municipal*, cuja finalidade era a prossecução de interesses do foro estritamente local, estivesse em causa a sua gestão apenas por *um só município* (os planos municipais) ou por *municípios em associação* (os planos intermunicipais). Por isso, os mesmos eram elaborados por este nível de administração territorial (os municípios), isoladamente ou associados.

Comparando com este sistema, a Lei de Bases de 2014 veio, aparentemente, inovar, ao introduzir um *novo nível de planeamento* a par dos outros já existentes: o nível intermunicipal, no qual é possível agora encontrar quer planos quer programas.

O confronto entre o *antes* e o *depois* desta nova Lei de Bases em matéria de tipologia de instrumentos de gestão territorial é a que apresenta no quadro seguinte:

	Lei de Bases de 1998	Lei de Bases de 2014

Nacional	Responsabilidade do Estado
	– PNPOT
	– Planos setoriais
	– Planos especiais
	  – da orla costeira,
	  – das áreas protegidas,
	  – das albufeiras de águas públicas
	  – dos estuários)
		Responsabilidade do Estado
		– PNPOT
		– Programas setoriais
		– Programas especiais
		  – da orla costeira,
		  – das áreas protegidas,
		  – das albufeiras de águas públicas
		  – dos estuários)

Regional	Responsabilidade das regiões administrativas e, na sua ausência, do Estado – Planos regionais OT	Responsabilidade do Estado – Programas regionais
Intermunicipal	–	Responsabilidade dos municípios associados – programa intermunicipal, – Plano diretor, de urbanização e de pormenor intermunicipal
Municipal	Responsabilidade dos municípios associados ou isolados – Planos intermunicipais – Planos municipais (PDM, PU, PP)	Responsabilidade dos municípios isolados – Planos municipais (PDM, PU e PP)

Ora, esta alteração não traduz, quanto a nós, qualquer novidade, causando até estranheza e perplexidade em face daquilo que se esperaria desta lei.

Com efeito, e desde logo, verifica-se que existe (ou se admite), de facto, uma maior variedade de instrumentos de gestão territorial, mas a novidade está apenas e somente na figura dos *planos intermunicipais* (que abrange os planos diretores, os planos de urbanização e os planos de pormenor intermunicipais), pois todos os restantes instrumentos de gestão territorial previstos têm correspondência com instrumentos de gestão territorial já consagrados na Lei de Bases de 1998 e concretizados no RJIGT até à versão anterior à que aqui se analisa.

Por outro lado encontramos agora dois níveis de instrumentos entre o nível municipal e o nível nacional: o *regional* e o *intermunicipal*. Pergunta-se, porém, tendo em conta que a classificação dos instrumentos de gestão territorial pelos níveis referidos assentava no *critério dos interesses*, que interesses distintos estão em causa em cada um destes instrumentos de nível intermédio que justifique a sua diferenciação. Concretamente pergunta-se se estão em causa interesses infra-nacionais e supra locais diferentes que justifique serem distintas as entidades responsáveis pela sua elaboração e aprovação.

Na resposta a esta questão não deve ser alheia aquela que era a função inicial dos planos regionais de ordenamento do território: a de prosseguir interesses supra locais cuja responsabilidade *não devia caber ao Estado* (para isso existiam os planos de nível nacional, bastante variados, por sinal) mas às regiões administrativas.[12] E não deve ser alheio, também, o facto de os planos intermunicipais previstos na Lei de Bases de 1998, embora abrangendo uma área territorial mais ampla que a de um só município (o que, do ponto de vista da *área territorial*, mas apenas *deste ponto de vista*, os colocava num nível supra municipal), se destinava à prossecução de *interesses estritamente municipais* [ainda que, por tais interesses poderem ser comuns a vários municípios, estes se pudessem associar (ou aproveitar associações já existentes) para os gerir em conjunto].

---

[12] Como dissemos, a sua manutenção no Estado deveu-se exclusivamente à falta de instituição das regiões administrativas, mas não era o Estado, marcadamente, o *"titular"* natural da gestão dos interesses que com eles se visavam prosseguir.

1. DAS ALTERAÇÕES EM MATÉRIA DOS INSTRUMENTOS DE GESTÃO TERRITORIAL

Ora, atento o referido, conclui-se que a introdução de um nível intermunicipal no quadro dos instrumentos de gestão territorial corresponde a um equívoco do legislador, por misturar critérios de classificação destes instrumentos que nada têm a ver uns com os outros: um critério que se prende com o *âmbito territorial de incidência* do instrumento de gestão territorial (nessa medida os programas e os planos intermunicipais são de nível supra local) e um critério que atende ao nível dos interesses que com eles se pretendem prosseguir (desta perspetiva, os programas e os planos intermunicipais são de nível local).[13]

Assim, e melhor explicitando, o nível intermunicipal apenas corresponderá efetivamente a uma novidade se nele se pretender integrar instrumentos que visam a prossecução de *interesses diferenciados dos interesses meramente municipais*: interesses supra locais mas infra nacionais. E se assim for, então não fará sentido, na nossa ótica, que este nível intermédio de interesses seja simultaneamente prosseguido pelo Estado (através de programas regionais), até porque esta solução pode ser foco de conflitos, tanto mais porque artigo 52º, nº 3 do atual RJIGT determina que as comissões de coordenação e desenvolvimento regional podem propor ao Governo *"que o programa regional seja estruturado em unidades de planeamento correspondentes a espaços sub-regionais, designadamente os correspondentes às áreas geográficas das entidades intermunicipais, integrados na respetiva área de atuação e suscetíveis de elaboração e de aprovação faseadas"*, o que significa que podemos ter a mesma área territorial simultaneamente coberta por um programa regional e um programa intermunicipal elaborados por entidades distintas.

Ou seja, e deste ponto de vista, ou bem que os instrumentos de gestão territorial intermunicipais apenas assim são classificados por abrangerem uma área territorial supra municipal – mas neste caso não vemos por que, por esse motivo, devem "abandonar" o nível municipal de planeamento, que se prende com os interesses prosseguidos –, ou integram o

---

[13] Que a classificação dos instrumentos de gestão territorial nos níveis referidos se prende com os interesses prosseguidos e não com a sua área territorial de incidência, comprova-se com a integração dos então planos (agora programas) especiais no nível nacional de gestão territorial: estes instrumentos nunca abrangeram a totalidade do território nacional, sendo deste ponto de vista frequentemente intermunicipais ou infra municipais, mas sempre prosseguiram, apenas e somente, interesses de carácter nacional sendo, por isso, reconduzidos à categoria dos planos nacionais.

nível intermunicipal por visarem a prossecução de interesses intermédios (interesses que não chegam a ser nacionais, mas são mais que meramente locais) – e neste caso não vemos o que justifica que este tipo de interesses seja repartido entre o Estado (por via dos programas regionais) e os municípios em associação (por via de programas e de planos intermunicipais).

ii) Uma outra dificuldade relativa aos planos e programas intermunicipais prende-se com a entidade responsável pela sua elaboração. Essa dificuldade percebeu-se existir logo com a entrada em vigor da Lei de Bases, já que esta ignorou, a propósito deste nível intermunicipal, os novos atores que entretanto surgiram no panorama da organização administrativa do território.

Referimo-nos às entidades intermunicipais (áreas metropolitanas e comunidades intermunicipais) que, segundo a Lei nº 75/2013, de 3 de setembro, têm claras atribuições nos domínios do desenvolvimentos económico e social e, por isso, ainda que indiretamente, no ordenamento do território.[14]

Ora, tendo em conta as atribuições das entidades intermunicipais referidas, e atento o conteúdo dos *programas intermunicipais* consagrados na Lei de Bases de 2014 (cfr. nºs 2 e 3 do artigo 42º desta lei), tudo ten-

---

[14] São, efetivamente, atribuições das áreas metropolitanas, entre outras, promover o planeamento e a gestão da estratégia de desenvolvimento económico, social e ambiental do território abrangido; articular investimentos municipais de caráter metropolitano; assegurar a articulação das atuações entre os municípios e os serviços da administração central em áreas com relevante impacto no território (infraestruturas básicas, rede de equipamentos, etc.). Acresce caber aos seus órgãos aprovar planos com relevo do ponto de vista do ordenamento do território [cfr. alínea d) do nº 1 do referido artigo 71º].

São, por sua vez, atribuições das comunidades intermunicipais, nos termos do artigo 81º da Lei nº 75/2013, designadamente, a promoção do planeamento e da gestão da estratégia de desenvolvimento económico, social e ambiental do território abrangido; a articulação dos investimentos municipais de interesse intermunicipal; a articulação das atuações entre os municípios e os serviços da administração central em áreas com relevante impacto no território (infraestruturas básicas, rede de equipamentos, etc.)

Mais, cabe ao conselho metropolitano, nos termos da subalínea i), da alínea d) do nº 1 do artigo 90º da Lei nº 75/2013, aprovar planos, programas e projetos de investimento e de desenvolvimento de interesse intermunicipal, entre os quais o "plano intermunicipal de ordenamento do território".

1. DAS ALTERAÇÕES EM MATÉRIA DOS INSTRUMENTOS DE GESTÃO TERRITORIAL

deria a apontar no sentido de serem estas entidades as responsáveis pela elaboração destes instrumentos de gestão territorial. Sucede, porém, que tal solução não decorria daquela lei, sendo estas novas entidades territoriais completamente ignoradas por ela.[15]

Deste modo, a introdução de um novo nível intermunicipal na Lei de Bases apresentou-se como uma solução que deixou mais dúvidas do que certezas: ou bem que a solução adotada visava adequar-se ao modelo supralocal de organização administrativa e territorial, situação em que este nível devia substituir o âmbito regional ou fundir-se com ele (solução que, como já vimos, não foi a pretendida), ou bem que estávamos perante uma forma de cooperação intermunicipal e, portanto, não se existiam razões para que estes instrumentos de gestão territorial não se enquadrassem, como até aí, ainda no âmbito municipal.

O legislador tentou emendar a mão no Decreto-Lei nº 80/2015, "*trazendo para o sistema*" estas entidades intermunicipais mas misturando, a propósito dos programas intermunicipais a possibilidade de estas, enquanto entidades com uma existência autónoma e atribuições próprias distintas dos municípios que as compõem, intervirem na sua elaboração – o que parece apontar para a existência de um interesse supra local na sua base –, com a hipótese de estes programas serem elaborados por municípios associados entre si – o que, pelo contrário, parece apontar para a existência, na sua base, de interesses essencialmente locais, apenas necessitados de coordenação.

Com efeito, do artigo 61º, articulado com os artigos 65º e 68º do RJIGT resulta que o programa intermunicipal, de elaboração facultativa, pode abranger (do ponto de vista da área territorial de incidência) a *área geográfica da totalidade de uma entidade intermunicipal* [caso em que a competência para a sua elaboração cabe à comissão executiva metropolitana (nas áreas

---

[15] A única referência que a elas é feita na Lei de Bases é a que consta do nº 1 do artigo 42º, segundo o qual os programas intermunicipais (de elaboração facultativa) devem abranger dois ou mais municípios integrados na mesma comunidade intermunicipal, apenas se admitindo que assim não seja mediante autorização do membro do Governo responsável pela área do ordenamento do território sempre que se pretenda que o programa intermunicipal abranja municípios com territórios contíguos não integrados na mesma comunidade intermunicipal. Solução, para além do mais, incompreensível por não se vislumbrar justificação para a ingerência do Governo numa decisão que deveria caber exclusivamente aos órgãos municipais.

metropolitanas), e ao conselho intermunicipal (nas comunidades intermunicipais), cabendo a competência para a sua aprovação ao conselho metropolitano (nas áreas metropolitanas) e à assembleia intermunicipal (nas comunidades intermunicipais), respetivamente] ou *a área geográfica de dois ou mais municípios territorialmente contíguos* integrados na mesma entidade intermunicipal, salvo situações excecionais, autorizadas pelo membro do Governo responsável pela área do ordenamento do território, após parecer das comissões de coordenação e desenvolvimento regional[16] [caso em que, nos termos da alínea b) do n.º 1 do artigo 65.º, a competência para a sua elaboração cabe às câmaras municipais dos municípios associados para o efeito e, nos termos do artigo 68.º, n.º 1 b), a competência para a sua aprovação é das assembleias municipais interessadas, mediante proposta apresentada pelas respetivas câmaras municipais].[17]

iii) Novidade no que concerne à tipicidade dos instrumentos de gestão territorial, é a previsão no nível intermunicipal de instrumentos regulamentares definidores do regime de uso do solo: o plano diretor, o plano de urbanização ou o plano de pormenor de âmbito intermunicipal. Trata-se de planos cujo regime corresponde integralmente ao previsto para os correspondentes planos municipais, apenas diferindo quanto à respetiva área territorial. O que significa que neste caso estão indubitavelmente em causa *interesses de nível municipal.*

Quanto a nós é adequada a possibilidade de serem adotados planos territoriais de âmbito intermunicipal que se estendam pelo território de mais do que um município e que definam o regime de uso do solo, deixando a cooperação intermunicipal de se cingir, como sucedia até aqui, a instrumentos mais programáticos ou de conteúdo mais diretivo (os atuais programas intermunicipais). E não se diga que se duplicam, com esta previsão, o número de instrumentos que podem estar simultaneamente em vigor numa dada área territorial, tornando o sistema mais complexo, na medida em que, nos termos do artigo 44.º, n.º 5 da Lei de Bases

---

[16] Solução que vem da Lei de Bases e a que, como referimos anteriormente, levantamos as máximas dúvidas, designadamente do ponto de vista da sua constitucionalidade.

[17] Estando aqui em causa a prática de vários atos administrativas julgamos que teria feito sentido, aqui sim, que se tivesse exigido a emissão de cada um daqueles atos de aprovação no seio de uma conferência procedimental, quanto a nós, bastante adequada à presente situação.

1. DAS ALTERAÇÕES EM MATÉRIA DOS INSTRUMENTOS DE GESTÃO TERRITORIAL

e no artigo 27º, nº 4 do RJIGT, se exclui a possibilidade de coexistência, ao nível municipal, de planos territoriais do mesmo tipo na área por eles abrangida (um plano diretor interminicipal e um plano diretor municipal, um plano de pormenor intermunicipal e um plano de pormenor municipais, por exemplo).

O que com esta solução se criou, foram condições para a intensificação dos laços intermunicipais, permitindo que, por exemplo, se ache cumprida a obrigação de elaboração de um plano diretor municipal por cada município (artigo 43º, nº 3 da Lei de Bases) através da adoção de um único plano desse tipo abrangendo o território de dois ou mais municípios.[18] Isto não obstante tenhamos as máximas dúvidas que os municípios se associem para elaborar em conjunto um plano diretor intermunicipal.

Refira-se que estes planos são elaborados, nos termos do nº 1 do artigo 111º do RJIGT, por uma comissão constituída para o efeito, cuja composição é definida conjuntamente pelas câmaras municipais dos municípios associados para a elaboração do plano e aprovados por deliberação das assembleias municipais abrangidas, mediante proposta conjunta, apresentada pelas respetivas câmaras municipais (nº 1 do artigo 112º).[19]

Admite-se, quando promovido por todos os municípios que integram uma entidade intermunicipal, que a elaboração do plano intermunicipal seja da competência da comissão executiva metropolitana (nas áreas metropolitanas), e do conselho intermunicipal (nas comunidades intermunicipais) e a aprovação da competência do conselho metropolitano ou da assembleia intermunicipal, mediante proposta apresentada pela comissão executiva metropolitana ou pelo conselho intermunicipal. O que, no entanto, apenas pode acontecer no caso de plano diretor intermunicipal pois não visualizamos situações de planos de urbanização e de pormenor (atendendo, além do mais, ao facto de sua área de abrangência dever ser continua) que possam envolver todos os municípios que integram uma entidade intermunicipal.

---

[18] Cfr. *Primeiro Comentário à Lei de Bases Gerais da Política Pública de Solos, de Ordenamento do Território e de Urbanismo (Lei nº 31/2014, de 30 de maio)*, cit., p. 71.
[19] Também aqui achamos adequado que os municípios pudessem tomar as suas decisões no seio de uma conferência procedimental.

1.2.4. Alterações pontuais a propósito dos planos municipais

i. No que diz respeito aos planos municipais, o legislador introduziu alterações meramente pontais no seu regime jurídico, designadamente, passou a identificar os elementos documentais complementares que o integram, tornando desnecessária a aprovação, em momento posterior à da entrada em vigor do RJIGT, de uma Portaria para o efeito (cfr. nº 3 do artigo 97º, nº 3 do artigo 100º e nº 4 do artigo 107.). Ainda a propósito destes elementos documentais, e no que concerne aos planos de urbanização e de pormenor, atenta a variedade de situações (áreas, objetivos) em que os mesmos podem ser mobilizados (podendo, por isso, ter conteúdos variados), o legislador expressamente determina, e bem, que o seu conteúdo documental deve adaptado ao respetivo conteúdo material (cfr. nº 4 do artigo 100º e nº 5 do artigo 107º).

ii. No que concerne ao plano diretor municipal exige-se, agora, que o Relatório do plano *explicite* a *estratégia* e o *modelo de desenvolvimento local*, nomeadamente os objetivos estratégicos e as opções de base territorial adotadas para o modelo de organização espacial, bem como a respetiva fundamentação técnica, suportada na avaliação das condições ambientais, económicas, sociais e culturais para a sua execução [artigo 97º, nº 2 alínea a)], solução que visa reforçar a ideia de que os planos diretores municipais são instrumentos de definição de uma estratégia de desenvolvimento para o território do município, a qual deve, por isso, ser devidamente explicitada.

iii. No que diz respeito aos planos de urbanização, os mesmos continuam a desempenhar uma função de estruturação de uma dada área territorial não apenas integrada no perímetro urbano ou em solos rústicos complementares de um ou mais perímetros urbanos que se revelem necessários para estabelecer uma intervenção integrada de planeamento; mas também de solos estritamente rústicos que possam ser destinados a usos e a funções urbanas (localização de instalações ou parques industriais, logísticos ou de serviços; localização de empreendimentos turísticos e equipamentos e infraestruturas associados). Acrescenta, porém, a lei serem estes os instrumentos de planeamento municipal preferenciais para as sedes de concelho e as áreas urbanas com mais de 25.000 mil habitantes, o que significa que, nestas situações, deve ser elaborado preferencialmente um plano municipal deste tipo (cfr. artigo 98º), ainda que não se tenha instituído essa necessidade.

Dada a variedade de situações que podem ser objeto de um plano de urbanização, o artigo 99º determina que este adota o conteúdo material apropriado às condições da área territorial a que respeita, aos objetivos das políticas urbanas e às transformações previstas nos termos de referência e na deliberação municipal que determinou a sua elaboração, ainda que identifique, exemplificativamente, esse conteúdo.

iv. Também os planos de pormenor continuam a ter um conteúdo material flexível, que deve ser apropriado às condições da área territorial a que respeita, aos objetivos e aos fundamentos técnicos previstos nos termos de referência e na deliberação municipal que determinou a sua elaboração, admitindo-se, deste modo, que defina de forma mais estrita ou mais flexível o desenho urbano (tanto o pode fazer de forma pormenorizada, explicitando ruas, parcelas, edifícios, como de forma menos intensa, apenas identificando alinhamentos e cérceas de uma rua) ou o conteúdo material do próprio plano (tanto pode identificar parcelas que corresponderão a futuros lotes como pode admitir que cada parcela se possa decompor em vários lotes ou que cada parcela se possa agregar a outras formando um só lote).

De resto mantém-se o essencial a regulação dos planos de pormenor, quer quanto à admissão de modalidades específicas quer quanto à possibilidade de terem efeitos registais.

2. Relacionamento entre Instrumentos de Gestão Territorial e Destes com Outros

i. No que concerne ao relacionamento entre os diferentes instrumentos de gestão territorial, regem os artigos 26º e ss do RJIGT. Tendo em conta a variedade de instrumentos de gestão territorial existentes (admitidos) no nosso ordenamento jurídico, e atendendo às entidades competentes pela sua elaboração, o legislador sentiu dificuldade em encontrar um critério uniforme para ordenar, hierarquizar ou definir uma ordem de preferência entre eles. Note-se que, no limite, na interpretação destas normas podem lançar-se mão, não existindo entre eles relações de hierarquia, os critérios de que a norma posterior revoga a norma anterior e o de que a norma especial prevalece sobre a norma geral.

No que concerne à relação entre os instrumentos de gestão territorial da responsabilidade do Estado (o PNPOT, os programas setoriais, os programas especiais e os programas regionais), o legislador estabelece, no nº 1 do artigo 26º, uma relação de *"compromisso recíproco"* de compatibilização – pressupondo que a entidade Estado não estabelecerá opções distintas para a mesma área territorial. No entanto, o nº 3 deste mesmo artigo determina uma superioridade hierárquica do PNPOT em relação aos programas especiais e setoriais e o nº 2 uma superioridade hierárquica dos programas nacionais em relação aos regionais. Mas admite, assim parece, alguma flexibilidade, na medida em que permite que um plano regional altere as disposições de programas setoriais e especiais ao determinar no artigo 60º, nº 2 alíneas a) e b) que *"A resolução do Conselho de Ministros referida no número anterior deve: a) Identificar as disposições dos programas de âmbito nacional, bem como dos programas e planos intermunicipais e dos planos municipais preexistentes incompatíveis com a estrutura regional, do sistema urbano, das redes, das infraestruturas e dos equipamentos de interesse regional e com a delimitação da estrutura regional de proteção e valorização ambiental; b) Consagrar as formas e os prazos para a alteração dos programas e planos preexistentes, ouvidas previamente as entidades da Administração Pública responsáveis pela elaboração do programa e as entidades intermunicipais, as associações de municípios ou os municípios envolvidos."*

Por sua vez, do artigo 27º decorre uma hierarquia por âmbito ou nível dos instrumentos: os programas e planos intermunicipais e municipais devem obediência aos programas nacionais e regionais e os planos municipais subordinam-se às orientações dos programas intermunicipais preexistentes. No que concerne aos planos intermunicipais e municipais, tendo em consideração o princípio que determina que uma da mesma área territorial não pode ser abrangida por planos com a mesma natureza, o nº 4 do artigo 27º determina que a existência de um plano diretor, de um plano de urbanização ou de um plano de pormenor de âmbito intermunicipal exclui a possibilidade de existência, na respetiva área de abrangência, de planos municipais do mesmo tipo.

Por sua vez determina-se que o plano diretor (municipal ou intermunicipal) fornece o quadro de referência para a elaboração dos demais planos municipais (nº 5 do artigo 27º), mas não se afasta a possibilidade de estes alterarem as disposições daqueles que não afetem a estratégia neles referidos. Com efeito, em nossa opinião, continua a manter-se uma relação de hierarquia mitigada entre estes planos que vigorava já no Decreto-Lei nº 69/90, de 2 de março, ainda que agora sem necessidade de ratificação quando ocorra, por força do plano municipal inferior, alteração do plano diretor municipal. Deste modo, a alteração de um plano diretor municipal tanto pode ser efetuada diretamente, isto é, utilizando um procedimento imediatamente destinado a esse efeito (o procedimento de alteração), como por via de instrumentos de planeamento municipal mais concreto (um plano de urbanização ou um plano de pormenor) sendo que, em ambos os casos, o procedimento é o mesmo.

Contudo, a alteração que se pode admitir dos planos municipais mais concretos em relação ao plano diretor municipal não poderá, de forma alguma, afetar elementos estruturais ou essenciais daquele, isto é, opções estratégicas e princípios objetivos do modelo territorial definido, os quais apenas podem ser levados a cabo através de um procedimento que permita uma sua *reponderação global*, que só pode ocorrer no âmbito de um procedimento de revisão e não de alteração (a única que, por corresponder a uma intervenção parcial no território do município, é admitida por intermédio dos planos de urbanização e dos planos de pormenor). É que as opções estratégicas, os princípios objetivos que enformam o modelo territorial definido e os regimes de salvaguarda e de valorização dos recursos e valores territoriais constantes do plano diretor municipal apresentam-se como seus elementos estruturantes, que devem permanecer imutáveis durante a sua vigência, ainda que se alterem soluções mais pontuais integradas no plano diretor municipal. De facto, situações há em que, ainda que se procedam a alterações pontuais das opções constantes dos planos (o que pode ser justificado perante os dados concretos da situação de planeamento), a estratégia e os princípios objetivos que enformam o modelo territorial se mantêm, já que a referida estratégia pode ser concretizada de várias formas. Fundamental é que se comprove que a nova opção de planeamento cumpre (permite cumprir), ainda assim, aquela estratégia e aqueles princípios objetivos. Já se se tratar de uma reclassificação do solo urbano para solo rural, tal alteração apenas pode ser feita, como veremos mais adiante, por via de um plano de pormenor com efeitos registais. No entanto, e porque os planos de urbanização continuam a poder proceder à "adequação do perímetro urbano" – cfr. alínea *d*) do artigo 99º – consideramos que quando esteja em causa um solo rústico que possa ser reconduzido ao conceito de solo parcialmente urbanizado, a reclassificação possa ser feito por via deste plano de urbanização e não por um plano de pormenor com efeitos registais.

ii. Atendendo à hierarquia estabelecida, determina o artigo 28º a necessidade de atualização dos instrumentos de gestão territorial sempre que entre em vigor um programa ou plano de hierarquia superior (ou inferior que o obrigue a tal), atualização cujo procedimento difere consoante envolva ou não uma decisão autónoma de planeamento (no primeiro caso, uma alteração por adaptação, no segundo caso uma alteração normal ou uma revisão).

O artigo 29º mantém a solução que já constava do nº 5 do artigo 46º da Lei de Bases segundo a qual, decorrido o prazo para a atualização das normas dos planos territoriais sem que esta tenha sido efetuada, *se suspendem* "*as normas do plano territorial intermunicipal ou municipal que deveriam ter sido alteradas, não podendo, na área abrangida, haver lugar à prática de quaisquer atos ou operações que impliquem a alteração do uso do solo, enquanto durar a suspensão".*

Na medida em que a opção é agora a de os programas não serem diretamente vinculativas dos particulares, o legislador pretendeu sancionar a conduta das associações de municípios ou dos municípios que não tenham procedido à atualização dos respetivos planos territoriais para os tornarem compatíveis com os programas territoriais que prosseguem objetivos de interesse nacional ou regional.

O legislador vai, assim, mais longe que a solução anterior, que permitia a Governo, perante omissões ilícitas dos órgãos das autarquias locais no cumprimento dos deveres de alteração dos respetivos planos para os adaptar aos de nível superior, a suspensão dos respetivos planos com fundamento na existência de um reconhecido interesse nacional ou regional. Tratando-se de um ato sancionatório, o mesmo pressupunha, naturalmente a audiência da "entidade faltosa" que podia invocar motivos justificativos para o seu incumprimento.

A presente solução vai mais longe: pressupõe, por um lado, que a suspensão funcione pelo mero decurso do prazo de adaptação – ainda que por razões de certeza tenha de ser declarada pela comissão de coordenação e desenvolvimento regional territorialmente competente, declaração que deve ser publicitada no Diário da República e na plataforma colaborativa de gestão territorial – e determina, por outro lado, não poder haver, na área em causa, lugar à prática de quaisquer atos ou operações que impliquem a ocupação, uso e transformação do solo (paralisação da gestão urbanística).

Ora, sendo a providência de suspensão do plano inequivocamente lesiva dos interesses municipais, sempre se deveria oferecer ao município a possibilidade de intervenção num procedimento administrativo para apresentação das razões, eventualmente atendíveis, que justificaram a sua atuação relapsa. A perspetiva demasiado unilateral que se encontra subjacente a esta solução legal não se compagina bem com as regras sobre contratualização do planeamento vertidas no artigo 47º da Lei de Bases, que parecem impulsionar a celebração de contratos entre o Estado e as autarquias locais para fixação das formas e dos prazos de adequação dos planos existentes em relação a programas supervenientes com os quais aqueles devessem ser compatíveis.

Mais. A circunstância de a suspensão governamental do plano municipal ser acompanhada de medidas preventivas (suspensão da gestão urbanística) suscita sérias dúvidas de constitucionalidade, pois implica reconhecer ao Governo a possibilidade de influenciar decisivamente a utilização do solo para fins urbanísticos, prerrogativa que apenas deveria estar cometida aos municípios.

Acresce que a admissibilidade de adoção desta medida preventiva gera um efeito colateral desfavorável para as posições jurídicas subjetivas dos particulares, visto que, por causas que não lhes são imputáveis, estes podem ser atingidos por uma situação que visa, fundamentalmente, penalizar a inércia municipal em atualizar os respetivos planos para os adaptar aos programas territoriais. Nesta medida, a norma constante do nº 5 do artigo 46º da Lei de Bases e agora concretizada no artigo 29º do RJIGT parece ofender o princípio da proporcionalidade, quer na vertente da necessidade, quer na da proporcionalidade em sentido estrito. Note-se que a norma deve ser restritamente interpretada: o que eventualmente se justifica é a paralisação da atividade municipal de gestão urbanística (isto é, de permissão da realização de operações urbanísticas) e não já a paralisação destas, como a norma o dá a entender, as quais, estando a ser levadas a cabo com base num ato da Administração (ou numa comunicação prévia regulamente apresentada) não vemos como podem ser legitimamente impedidas de ser levadas a cabo. Uma leitura distinta desta norma viola claramente o princípio da proporcionalidade.

Maiores dúvidas suscita o disposto nos nºs 4 a 6 do artigo 29º do RJIGT (correspondente à solução contemplada no nº 6 do artigo 46º da Lei de Bases de sancionar o incumprimento municipal com a *"suspensão do respetivo direito de candidatura a apoios financeiros comunitários e nacionais, até à data da conclusão do processo de atualização, bem como a não celebração de contratos -programa"*, ainda que dando às "entidades faltosas", neste caso, a oportunidade de comprovar que a falta de iniciativa ou o atraso na atualização não lhe é imputável.

Note-se que o estabelecimento de medidas desta natureza não é propriamente inédito no direito português, embora se afigure típico de um modelo de organização administrativa de pendor centralizado, no seio do qual a autonomia municipal se encontra fortemente limitada por constrangimentos de cariz financeiro impostos pelo Estado.

A solução legal ora descrita parece, ainda, ignorar que o Estado dispõe de meios judiciais para obrigar os municípios a atualizar os seus planos territoriais para os tornar compatíveis com a disciplina de programas territoriais. Desde logo, através da ação pública, nos termos dos artigos 9º, nº 2, e 77º, nº 1, ambos do Código de Processo nos Tribunais Administrativos, pode o Ministério Público requerer num tribunal administrativo a apreciação e a verificação de situações de ilegalidade por omissão das normas de alteração dos planos municipais, cuja adoção é necessária para dar exequibilidade às mencionadas disposições legais que impõem um dever de atualização desses instrumentos de planeamento.

A opção do legislador significa assim, em nosso entender, o regresso a um passado que se caraterizava por uma forte dependência dos municípios em relação ao Estado e, também, a marginalização das populações locais, que serão penalizadas pelas atuações dos titulares dos órgãos locais, sem que elas tenham contribuído para a situação ocorrida.

3. As Questões de Ordem Procedimental

i. Do ponto de vista procedimental, realçam-se algumas alterações. Antes de as referirmos tenhamos presente que foi em 2007 que foram promovidas as mais importantes alterações ao RJIGT com vista à simplificação e agilização dos procedimentos de planeamento, traduzidas, designadamente, na redução de prazos e, naquilo que aqui nos interessa particularmente, na simplificação dos trâmites de *acompanhamento* à elaboração dos instrumentos de gestão territorial e de *concertação* com entidades públicas no final daquela fase. Foi, efetivamente, esse um dos vetores principais da alteração legislativa promovida pelo Decreto-Lei nº 316/2007, que se apresentava, precisamente, como o cumprimento da medida 07 do Programa SIMPLEX (Programa de Simplificação Administrativa e Legislativa).

No que concerne à fase de acompanhamento, em causa estava então (e está ainda hoje) um trâmite destinado a garantir a colaboração, nos procedimentos de planeamento, de distintas entidades públicas com interesse na área de intervenção, sendo o seu objetivo imediato o de acautelar uma melhor consideração e, em consequência, uma mais eficaz ponderação dos distintos interesses públicos que possam ser afetados pelo instrumento de gestão territorial em elaboração. A esta fase, a versão inicial do RJIGT havia acrescentado uma outra, subsequente e autónoma, de concertação entre estas entidades e a responsável pela elaboração do plano com o objetivo de garantir que esse era o resultado do mais amplo consenso entre todas elas.

O Decreto-Lei nº 316/2007, não tendo alterado substancialmente o procedimento de elaboração dos distintos instrumentos de gestão territorial, veio, contudo, "afinar" algumas das suas fases de forma não só a garantir uma maior eficiência no procedimento de planeamento, como também uma maior simplificação e agilidade do mesmo. E a fase de acompanhamento foi daquelas que maiores alterações comportaram.

Assim, e antes de mais, as comissões constituídas para acompanhar a elaboração dos instrumentos de gestão territorial passaram a diferenciar-se consoante esse instrumento fosse ou não diretamente vinculativo dos particulares: no primeiro caso, o acompanhamento seria garantido por uma comissão de acompanhamento constituída exclusivamente por representantes de entidades públicas com interesses na área do plano e que por ele deviam ser ponderados; no segundo, o acompanhamento seria efetuado por uma comissão consultiva integrada, para além de representantes de interesses públicos, também por representantes dos interesses económicos, sociais, culturais e ambientais.

Em segundo lugar, com a alteração de 2007 o acompanhamento passou a integrar a concertação, que lhe era subsequente, solução que teve por objetivo fazer com que opções de planeamento fossem "partilhadas" desde o início pelas várias entidades com atribuições na área, potenciando que as mesmas contribuíssem, de forma prepositiva, para o projeto do plano.[20] Com esta opção, poupava-se, ainda, comparativamente com a solução anterior, um conjunto de trâmites tendentes ao desencadeamento da concertação, que correspondiam, em boa verdade, a uma repetição desnecessária de atos.[21] Apesar da integração da concertação na fase de

---

[20] Esta concertação, que deixava, assim, de se apresentar como uma fase autónoma do procedimento de elaboração dos instrumentos de gestão territorial, apenas não se encontrava prevista para os planos setoriais, o que não significava que a entidade competente não pudesse promover diligências complementares com vista a uma solução concertada com as entidades que emitissem parecer desfavorável no âmbito do acompanhamento à elaboração do então plano.

[21] Com efeito, finda a fase do acompanhamento, determinava a lei que a entidade por ele responsável deveria remeter a sua proposta acompanhada do parecer da comissão mista de coordenação às entidades que no âmbito daquela houvessem discordado formalmente das soluções definidas no futuro plano, devendo estas emitir parecer em que expusessem as razões da sua discordância. Depois de recebidos os pareceres, a entidade responsável pela elaboração do plano teria de promover a realização de reuniões com as entidades que os tivessem emitido com vista à obtenção de uma *solução concertada* que permitisse ultrapassar as objeções formuladas. Como se pode concluir, alguns dos passos referidos apresentavam-se como manifestamente desnecessários. Assim, uma

acompanhamento, continuou a admitir-se a ocorrência de uma segunda concertação facultativa, posterior à emissão do parecer da entidade que havia acompanhado o plano e sempre antes da discussão pública.

ii. Tendo em conta esta realidade, vejamos agora as principais novidades a este propósito.

Deste logo vem agora o RJIGT estabelecer que o acompanhamento à elaboração dos planos e programas passa a ser efetuado, *em todos os casos*, exceto no dos programas setoriais (como já referimos supra), por *comissões consultivas*. A composição destas entidades é que varia consoante estejam em causa programas de caráter nacional e regional ou de nível municipal e intermunicipal: no primeiro caso nelas tem assento quer representantes das entidades públicas cujos interesses que tutelam tenham de ser ponderados pelo programa quer representantes de interesses ambientais, económicos, sociais e culturais relevantes (cfr. artigo 35º, artigo 49º, nº 1 e artigo 57º, nº 1)[22], no segundo caso (com exceção dos planos de urbanização e de pormenor, que têm um acompanhamento simplificado), nelas tem assento apenas e exclusivamente representantes de interesses públicos (cfr, nº 1 do artigo 67º e 83º nº 2), sendo as entidades representativas dos interesses ambientais, económicos, sociais e culturais relevantes ouvidas em sede de discussão púbica.

A razão de ser desta diferente composição da comissão consultiva não resulta clara da lei, mas pode estar no facto de, estando em causas programas, que não são diretamente vinculativos dos particulares, esta poder ser uma solução que reforça o envolvimento e a ponderação destes interesses desde o início do procedimento e não apenas numa fase adiantada

---

vez que as várias entidades integravam a comissão mista de coordenação, não se compreendia porquê remeter-lhes o parecer final desta, que conheciam. Por outro lado, não se vislumbrava por que motivo, discordando do projeto do plano no seio da comissão mista, as referidas entidades não haveriam de apresentar logo aí os motivos dessa discordância, o que, a ter acontecido, dispensaria a emissão de um segundo parecer para expor as razões da mesma.

[22] No caso dos programas especiais integram ainda a comissão consultiva, representantes do ordenamento e gestão do espaço marítimo, bem como da administração portuária respetiva, sempre que o programa incida sobre áreas que, pela sua interdependência estrutural ou funcional dos seus elementos, necessitem de uma coordenação integrada mar-terra (cfr. nº 2 do artigo 49º).

deste, como é a fase da discussão pública (ainda que, se for esta a razão, então também estas entidades devessem integrar a comissão consultiva dos programas intermunicipais). Com efeito, quanto mais se sentirem afetados ou eventualmente lesados pelas opções dos planos, os interessados tendem a participar de forma mais intensa, sucedendo precisamente o inverso nas situações em que os programas não os têm como destinatários imediatos.

iii. Outro aspeto que se realça é que o legislador deixou de fazer a exigência geral de que a concertação seja integrada no acompanhamento, apenas o fazendo quanto ao PNPOT (cfr. o nº 1 do artigo 36º, admitindo ainda o nº 2 do mesmo normativo, como antes, uma concertação suplementar).

Em todas as restantes situações o legislador refere-se apenas à concertação num momento posterior à emissão do parecer da comissão consultiva[23] (à exceção dos programas setoriais onde, incompreensivelmente, quanto a nós, não se prevê qualquer concertação com as entidades que emitam pareceres), não se fazendo menção expressa à concertação durante o acompanhamento o que, quanto a nós, se revela negativo, já que, ainda que esta concertação possa sempre (e, em nossa opinião, *deva sempre*) ter lugar nesse momento, a sua exigência expressa na lei revelava a importância de as entidades que intervêm no "processo de planeamento" assumirem desde o inicio uma atitude de diálogo, troca de pontos de vista e conciliação de posições fundamental para um bom resultado final.

Prevê-se, é, a disponibilização de uma plataforma eletrónica (também designada de colaborativa) destinada a servir de apoio ao acompanhamento dos programas e dos planos territoriais pelas entidades responsáveis pela sua elaboração, alteração ou revisão, e pelas entidades representativas dos interesses públicos em presença na respetiva área de intervenção, que pode potenciar, assim se queira, esta concertação, ainda que o seu objetivo último, expresso no preâmbulo, não seja esta con-

---

[23] Cfr. o nº 9 do artigo 49º, relativo a programas especiais; o nº 1 do artigo 58º, atinente aos programas regionais; o artigo 87º, referente ao plano diretor municipal e aplicável também ao programa intermunicipal e ao plano diretor intermunicipal por força, respetivamente, do disposto no artigo 67º e no nº 2 do artigo 110º.
No caso do PNPOT, para além do parecer final da comissão consultiva exige-se, ainda, um parecer do Conselho Nacional do Território.

certação, mas garantir a maior eficiência dos serviços da Administração [por funcionarem por procedimentos desmaterializados e por obterem o conhecimento automático de todos os intervenientes no "processo" (artigo 190º)].

iv. A lei prevê agora, também, de forma expressa, mas diferenciada, como ultrapassar o impasse resultante da não obtenção de consenso entre todas as entidades na fase de concertação. A situação normal é o órgão competente pela elaboração do programa ou plano optar pelas soluções que considere mais adequadas, salvaguardada, naturalmente, a respetiva legalidade.[24]

Mas a solução é distinta no caso *dos programas especiais* e dos *programas reginais* prevendo-se, nestes casos, a submissão da proposta a parecer da Comissão Nacional do Território, o qual tem caráter vinculativo para a entidade responsável pela elaboração do programa (nº 10 do artigo 49º e nº 3 do artigo 58º).

v. No que concerne ao acompanhamento à elaboração dos planos diretores municipais (na medida em que relativamente aos planos de urbanização e de pormenor não se registam alterações a realçar[25]), o mesmo é assegurado, nos termos do artigo 83º do RJIGT, por uma comissão consultiva, coordenada e presidida pela comissão de coordenação e desenvolvimento regional territorialmente competente, comissão que a lei designa de *colegial*. Não entendemos o que pretende o legislador significar com esta designação, a não ser o facto, que carateriza todas as restantes comissões consultivas, de ela ser constituída por vários membros, representantes de tantas outras entidades. Não nos parece, como o termo poderia dar a entender, que se tenha aqui pretendido remeter, quanto ao seu funcionamento, para as regras relativas aos órgãos colegiais previstas no Código do Procedimento Administrativo, já que estas não são, em nosso entender, adequadas ao funcionamento de um organismo

---

[24] É isso que se prevê no nº 3 do artigo 36º para o procedimento de elaboração do PNPOT; no nº 4 do artigo 48º no caso dos programas setoriais, e o nº 2 do artigo 87º para os planos municipais (aplicável também aos programas e planos intermunicipais).
[25] A não ser o facto, já anteriormente referido a propósito dos programas setoriais, de mobilização da figura das conferências procedimentais para a obtenção dos pareceres a que haja lugar.

ad hoc destinado a acompanhar a elaboração de um plano municipal constituído por entidades com naturezas tão distintas e titulares de posições (interesses) tão diferenciada(o)s.

Uma outra novidade que, suspeitamos, tem a ver com a adequação da lei à prática, prende-se com o parecer final, a ser emitido no *terminus* do acompanhamento: em vez de *um parecer da comissão consultiva* que integra a posição das várias entidades nela representadas, incluindo a da comissão de coordenação e desenvolvimento regional, o que se prevê agora é um parecer deste órgão da Administração regional do Estado, o qual traduz a decisão *global definitiva* e *vinculativa para toda a Administração Pública*. Tal como tem vindo a acontecer noutros domínios (e diplomas), assume-se aqui que a comissão de coordenação e desenvolvimento regional funciona como a *voz* da Administração estadual nos processos de planeamento (que se pronuncia de uma só vez e a uma só voz, a voz, precisamente deste órgão), atribuindo-lhe um papel relevante no ultrapassar de impasses perante pareceres negativos de certas entidades no seio da comissão consultiva. Assim, o que passaremos a ter é *um parecer da comissão de coordenação e desenvolvimento regional* acompanhado da *ata da reunião da comissão consultiva* contendo as posições finais das entidades nela representadas.

Este parecer da comissão de coordenação e desenvolvimento regional passa a ser *o seu parecer final* no procedimento de planeamento municipal, deixando agora de se prever, no caso dos planos diretores municipais (ao contrário do que sucedia antes, mas como já acontecia nos procedimentos de elaboração dos planos de urbanização e de pormenor) a sua intervenção após a discussão pública e antes da respetiva aprovação.

vi. Outra novidade em matéria dos procedimentos de planeamento/programação prende-se com a sua duração. Devendo o prazo para a respetiva elaboração ser sempre fixado na deliberação de início do procedimento de qualquer plano ou programa, determina-se agora que este prazo pode ser prorrogado por uma única vez, findo o qual sem ter sido concluído, aquele caduca.

Sendo esta uma norma que visa "disciplinar" a entidade responsável pelo plano ou programa de forma a que os procedimentos em causa não se arrastem no tempo, a verdade é que ela não impede (não pode impedir, naturalmente) de ser desencadeado na sequência daquela declaração de caducidade, um novo procedimento e de, no âmbito deste, se aproveitarem elementos, documentos, estudos ou relatórios constantes do procedimento caducado.

Acresce que esta caducidade não pode funcionar se o atraso no procedimento não for imputável à entidade por ele responsável, como sucede (e sucedeu, muitas vezes) com atrasos que decorrem da alteração sucessiva de regimes jurídicos mobilizáveis, que obriga aquela entidade muitas vezes a voltar à "estaca zero". Nestes casos, considerar que o procedimento caducou e que é necessário iniciar um novo (implicando, por exemplo, a constituição de uma nova comissão consultiva) pode ter repercussões mais negativas que deixar o procedimento prosseguir os seus termos.

vii. Relevante em matéria de procedimento de elaboração dos planos municipais é a extensão a todos eles, portanto, também ao do plano diretor municipal e não apenas dos planos de urbanização ou de pormenor, como até aqui, da necessidade de explicitar os seus termos de referência na deliberação da sua elaboração (artigo 76º, nº 3) e, ainda, a necessidade de o respetivo procedimento (de elaboração ou de dinâmica) ser sempre fundamentado com base no relatório sobre o estado do ordenamento do território a nível local (nº 3 do artigo 189º) bem assim como na estratégia de desenvolvimento local, a qual define as orientações estratégicas da implementação e da gestão estruturada dos processos de desenvolvimento e de competitividade do município.

viii. Por fim, e em matéria de ratificação, mantêm-se as alterações introduzidas pelo Decreto-Lei nº 316/2007, que a "transformou" num trâmite excecional, perdendo o seu carater de ato de controlo. Com efeito, a regra passou a ser, a partir dessa altura, precisamente por o PNPOT se encontrar em vigor e grande parte dos planos regionais se encontrarem em fase final de elaboração, a de os planos municipais deixarem de ficar sujeitos a ratificação governamental, apenas a ela se encontrando subordinados os planos diretores municipais quando pretendessem alterar as opções constantes de um plano regional de ordenamento do território ou de um plano setorial, tendo a resolução do conselho de ministros que ratificasse o plano como função, nestes casos, aprovar também as alterações àqueles instrumentos de gestão territorial.

Esta solução que, como se dissemos, se mantém, foi estendida, com o Decreto-Lei nº 80/2015, também às situações de desconformidade dos planos diretores (municipais ou intermunicipais) com os programas especiais.

Assim, nos casos em que as opções dos planos diretores se mantenham dentro dos limites das orientações e disposições dos programas de nível nacional e regional, a entidade responsável pela sua elaboração tem plena autonomia para fazer as suas próprias opções ficando, por esse motivo, à margem de um novo controlo de legalidade das suas disposições.[26]

Confirma-se, assim, a transformação da ratificação: de mecanismo de tutela da legalidade, em instrumento de intervenção excecional com funções específicas no âmbito da flexibilização do princípio da hierarquia dos instrumentos de gestão territorial, correspondendo a um ato do Governo através do qual, no âmbito do procedimento de elaboração de um plano diretor, se procede à aprovação da alteração ao programa de hierarquia superior. Concentra-se, deste modo, num mesmo procedimento, dois procedimentos distintos: o de aprovação do plano diretor e o de alteração do programa de âmbito nacional ou regional.

Prevê-se, é, agora, que a ratificação do plano diretor adote a forma prevista para a aprovação do programa setorial, especial ou regional (nº 4 do artigo 91º) resolvendo um problema que decorria da versão anterior, já que nela a ratificação assumia sempre a forma de resolução do conselho de ministros, o que era incompatível com a possibilidade de esta alterar um plano que tivesse sido aprovado com uma forma mais solene (como sucedia com alguns planos setoriais que podiam ser aprovados decreto--lei e ou decreto regulamentar).

Mantém-se, também, e quanto a nós bem, a solução de que o pedido de ratificação depende sempre de uma *solicitação do órgão responsável pela respetiva elaboração*, ainda que na sua base estejam questões de incompatibilidade com programas superiores suscitados pelos serviços ou entidades com competências consultivas

---

[26] Por isso também se mantém a solução de que os planos de urbanização ou de pormenor (agora tanto os municipais como os intermunicipais) podem alterar o plano diretor, sem que a mesma se encontre sujeita a ratificação governamental, uma vez que se traduz na alteração de uma opção que, também ela, não esteve (nem está) sujeita a este trâmite procedimental.

Assim, ainda que as referidas entidades suscitem questões de incompatibilidade do plano diretor com aqueles instrumentos de gestão territorial, pode o órgão competente pela elaboração do plano não o sujeitar a ratificação por assumir a lei que pode estar aqui em causa uma mera divergência de opiniões (v.g a entidade considera que está a ser posta em causa uma orientação do programa regional e a câmara municipal entende que aquela orientação é suficientemente genérica para admitir a sua opção), dando prioridade à posição da entidade planeadora, sem prejuízo de o plano vir posteriormente a ser impugnado. Nas situações em que, não obstante aquela desconformidade, a intenção do município é conseguir alcançar, pela via do seu plano, uma alteração ou derrogação de normas daqueles instrumentos de gestão territorial, deve então solicitar a ratificação do plano, sendo, no entanto, a sua apreciação pelo Governo suscitada através da competente comissão de coordenação e desenvolvimento regional para o que deve emitir parecer devidamente fundamentado.

4. O Regime de Uso do Solo: as Tarefas da sua Classificação e Qualificação

i) A classificação do solo é a tarefa de planeamento que determina o destino básico do solo; já pela qualificação se define, com respeito pela sua classificação básica, o conteúdo do aproveitamento do solo por referência às potencialidades de desenvolvimento do território, consistindo na identificação de distintas categorias que identificam a utilização dominante que nelas pode ser instalada ou desenvolvida.

Ora, este é também um dos domínios onde se introduziram relevantes alterações com a Lei de Bases as quais são agora concretizadas no RJIGT.

Assim, e desde logo, as duas classes de uso do solo anteriormente previstas – solo urbano e solo rural – dão agora origem às classes de *solo urbano* e *solo rústico* (diferença que não é, em si mesma, relevante), mas – isso sim, com relevo – o solo urbano passa a ser agora, apenas, o que *está total ou parcialmente urbanizado ou edificado* e, como tal, *afeto* por plano territorial à urbanização e edificação (e não já aquele para o qual é reconhecida vocação para o processo de urbanização e de edificação[27]); e o solo rústico é o que se destina a certos usos em função da "*sua reconhecida aptidão*" para tal, ainda que se apresente como uma classe residual porque nela se deve integrar também o solo que, ainda que não dotado desta aptidão, "*não seja classificado como urbano*" (cfr. artigo 71º do RJIGT).

---

[27] Deve por isso ser lido com as devidas cautelas a determinação, pelo nº 2 do artigo 74º, de que a qualificação do solo urbano se processa através da integração em categorias que conferem a *suscetibilidade* de urbanização ou de edificação, já que apenas podem ter esta suscetibilidade, no momento atual, os solos total ou parcialmente urbanizados ou edificados e, como tal, afetos pelo plano a urbanização ou edificação.

Como se afirmou expressamente na divulgação pública desta lei, desaparece, assim, da classe dos solos urbanos, a categoria dos solos urbanizáveis, ainda que esta não seja, quanto a nós, uma novidade de monta se tivermos em conta que esta categoria de solo já não se encontrava prevista na anterior Lei de Bases nem na versão anterior do RJIGT que, respetivamente, integraram de forma expressa e desenvolveram o conceito de *programação da execução*: a classe do solo urbano já só integrava, então, o *solo urbanizado* (infraestruturado) e o *solo de urbanização programada*, ainda que não fosse clara a diferença, nestes diplomas, entre o solo urbano com a programação já aprovada [*solo de urbanização programada* propriamente dito – alínea b) do nº 2 do artigo 72º do anterior versão do RJIGT] – e aquele em que tal programação ainda não tinha acontecido – *solo cuja urbanização fosse possível programar* [alínea b) do nº 4 do artigo 73º do RJIGT na versão anterior)].

O que muda, então, relativamente à situação anterior? Em boa verdade é o desaparecimento, do âmbito da classe do solo urbano, daqueles solos em relação aos quais, não obstante o plano lhes reconhecesse vocação para o processo de urbanização e edificação, ainda não tivessem sido objeto de programação. Com efeito, a dúvida que se colocou nos trabalhos de preparação da Lei de Bases foi a de saber se os mesmos se deveriam reconduzir à classe de solo rústico, transformando-se em urbano com a aprovação da programação (ainda que o incumprimento desta pudesse fazer reverter o solo à situação anterior, de rústico) ou se deveria integrar, antes, a classe do solo urbano, ainda que com um estatuto (em termos de direitos e de deveres) equivalente ao do solo rústico.[28]

---

[28] Refira-se que a solução da anterior Lei de Bases e do RJIGT (completada pelo Decreto Regulamentar nº 11/2002, de 20 de maio, que voltou a designar estes solos de urbanizáveis, expressão que não constava já daqueles outros diplomas) não era muito diferente da solução apontada em último lugar no texto, na medida em que o proprietário de um solo urbano desta categoria apenas adquiria o direito de nele edificar desde que a câmara municipal aprovasse o respetivo instrumento de programação, designadamente por via da delimitação de uma unidade de execução, e os proprietários cumprissem as obrigações definidas nesse programa bem como o *timing* nele previsto. Caso se recusasse a aderir à programação podia ser expropriado, mas o valor do seu solo não podia ser, nesse caso, o mesmo que o dos solos cujos proprietários tivessem dado cumprimento às obrigações constantes da programação municipal.
Este era, de facto, o regime que já decorria da legislação anterior à Lei de Bases, apenas não tendo o mesmo sido devidamente compreendido e interiorizado pelos diversos operadores do processo urbano, agravado com o facto de o Código das Expropriações

Ora, o que consta da Lei nº 31/2014 permite concluir que ganhou – ainda que tal não resulte explícito da lei, e devia – a tese de que o solo ainda não urbanizado nem edificado, enquanto não for objeto de programação, é rústico.

ii) Nada impede, porém, confirma-o agora o RJIGT, que o solo rústico seja reclassificado de urbano, reclassificação que dependerá, da verificação de exigências cumulativas, a saber:

(a) existência de concretas pretensões urbanísticas sobre o território necessárias ao seu desenvolvimento económico e social e indispensáveis à sua qualificação urbanística;

(b) inexistência de áreas urbanas disponíveis e comprovadamente necessárias para as acolher esta pretensão e a sua finalidade (comprovado através, designadamente, dos níveis de oferta e procura de solo urbano, com diferenciação tipológica quanto ao uso, e dos fluxos demográficos);

(c) viabilidade (sustentabilidade) económica e financeira da transformação do solo (identificando-se, designadamente, os sujeitos responsáveis pelo financiamento, a demonstração das fontes de financiamento contratualizadas e de investimento público) e demonstração do impacto da carga urbanística proposta no sistema de infraestruturas existente, e a previsão dos encargos necessários ao seu reforço, à execução de novas infraestruturas e à respetiva manutenção;

(d) aprovação (alteração ou revisão) de plano de pormenor com efeitos necessariamente registais[29], devidamente contratualizado quanto:

a. aos encargos urbanísticos das operações;
b. às condições de redistribuição de benefícios e encargos, considerando todos os custos urbanísticos envolvidos;

integrar estes solos urbanos ainda não programados (solos urbanizáveis) nos solos aptos para construção, valorizando-os em função dos índices previstos no plano independentemente da programação e do cumprimento dos deveres a ela associados.

[29] A exigência de que o plano de pormenor tenha efeitos registais prende-se com a necessidade de garantir que ele vai ser efetivamente executado, já que, nas situações em que o plano abrange terrenos de vários proprietários, a exigência do registo equivale à exigência do consentimento de todos pois sem este consentimento o registo não se obtém.

c. ao prazo de execução das obras de urbanização e das obras de edificação (o qual deve constar expressamente da certidão do plano a emitir para efeitos de inscrição no registo predial).

O que significa programar a intervenção no território através da programação do plano que reclassifica o solo.

Note-se, porém, que não basta o cumprimento cumulativa de todas estas exigências para que um solo passe de rústico a urbano. Uma vez que este é apenas o que *"está devidamente urbanizado e edificado......"*, somente com o cumprimento integral destas obrigações e com a urbanização e edificação da zona, opera aquela reclassificação.

Não faz, assim, sentido, o disposto no nº 8 do artigo 72º segundo o qual *"findo o prazo previsto para a execução do plano, a não realização das operações urbanísticas previstas determina automaticamente, a caducidade total ou parcial da classificação do solo como urbano, sem prejuízo das faculdades urbanísticas adquiridas mediante título urbanístico, nos termos da lei"*: neste caso, o que acontecerá é precisamente o contrário: o solo mantém a natureza de rústico, com exceção *das faculdades urbanísticas adquiridas mediante título urbanístico, nos termos da lei"* apenas neste caso tendo aplicação o nº 9 do mesmo artigo.

Note-se que a solução acabada de referir, que exige que o plano de pormenor que procede à reclassificação do solo tem de ser um plano de pormenor com efeitos registais, não parece estar em consonância com o disposto no RJUE que parece indicar que, nestes casos, o instrumento adequado para a concretização da urbanização é o loteamento urbano (ainda que na modalidade de reparcelamento), titulado pelo respetivo alvará. A verdade é que embora os planos de pormenor com efeitos registais viabilizem e concretizem uma operação de loteamento ou de reparcelamento, nunca serão titulados por um alvará mas pela certidão da sua aprovação.

É, porém, a estas situações que se refere o RJUE ao prever a caducidade dos loteamentos caso as obras de edificação previstas na operação de loteamento não sejam concluídas no prazo fixado para o efeito, nos termos da alínea g) do nº 1 do artigo 77º [a alínea c) do nº 1 do artigo 71º].

É, de facto, nestes casos, que se identificará o prazo máximo *para a conclusão das operações de edificação previstas na operação de loteamento*, prazo esse que deve estar em consonância com o prazo previsto no instrumento de programação da execução do plano territorial aplicável (prazo que não pode ser superior a 10 anos). O que significa que, passado esse prazo máximo (ou o prazo fixado no instrumento de programação da execução nos planos) os lotes "perdem" o caráter de lotes urbanos, por neles já não poder ser concretizada a obra de edificação prevista na operação de loteamento, sem prejuízo de a caducidade não operar em relação aos lotes para os quais já haja sido deferido pedido de licenciamento para obras de edificação ou já tenha sido apresentada comunicação prévia da realização dessas obras e, ainda, de forma a evitar a formação de verdadeiras ilhas urbanas (com lotes erigidos "no meio do nada"), não operar também relativamente às parcelas cedidas para implantação de espaços verdes públicos e equipamentos de utilização coletiva e infraestruturas que sejam indispensáveis aos lotes em relação aos quais a caducidade não opera e sejam identificadas pela câmara municipal na declaração de caducidade.[30]

Em suma, e como tivemos oportunidade de defender aquando da mais recente alteração do RJUE, a nova causa de caducidade nele prevista apenas pode ser mobilizada quando se trate de um loteamento a realizar em terrenos *cuja urbanização se encontre programada* (nos termos supra explicitados) e não já quando o mesmo se concretize em *terrenos urbanizados*, onde esta caducidade não faz sentido, já que apenas se justifica a caducidade de direitos urbanísticos naquelas situações em que, não fosse a aprovação da operação de loteamento (no caso, do plano de pormenor que a viabiliza), os solos em causa permaneceriam numa situação de rústicos. Já naquelas hipóteses em que, por os solos já estarem urbanizados, sempre poderão ser destinados à edificação, não vemos que motivo existe para que caduquem os direitos urbanísticos deles resultantes.

---

[30] Segue-se assim a solução que propúnhamos no comentário 8 do artigo 71º do RJUE, onde afirmávamos "*O legislador admite, como exercício de ponderação de interesses, que se excluam da declaração de caducidade os lotes para os quais tenha já sido aprovado um licenciamento ou apresentada uma comunicação prévia (pensamos que o legislador pretendeu aqui referir--se à admissão desta comunicação, porque só com esse momento se estabilizaram os efeitos jurídicos pretendidos inicialmente no âmbito do loteamento). Esta solução legal coloca, no entanto, a questão de apenas se poderem manter ou concretizar os lotes isolados relativamente aos quais tais requisitos estejam preenchidos, e não as parcelas comuns ou públicas a eles afetas o que pode levar à existência de verdadeiras ilhas urbanas no meio do nada. Nestes casos, pensamos que o município deveria poder declarar parcialmente a caducidade ressalvando as parcelas ligadas àquele lote, para assegurar uma sua funcionalidade urbana.*" Cfr. Fernanda Paula Oliveira, Maria José Castanheira Neves, Dulce Lopes e Fernanda Maçãs, *Regime Jurídico da Urbanização e Edificação, Comentado*, Coimbra, Almedina, 3ª edição, 2011, pp. 546-547.

iii. Poderia afirmar-se que a especulação que resultaria da existência de solos urbanizáveis não é impedida com a solução agora adotada na medida em que as expetativas (geradoras de pressão e especulação) passam a incidir sobre *todo o solo rústico* já que todo ele, salvaguardas as devidas condições, *maxime*, a inexistência de restrições de interesse público, pode vir a ser destinado ao processo urbano pela simples aprovação de um instrumento de planeamento.

Em resposta afirma-se que se isto é verdade, não é menos verdade que a opção de transformar solo rústico em solo urbano terá de estar sempre associada a uma intervenção urbanística demonstradamente viável do ponto de vista económico e financeiro (com apresentação de garantias para o seu desenvolvimento e demonstração da inexistência de alternativas mais económicas, nomeadamente, a reabilitação, e com interiorização da totalidade dos encargos com as infraestruturas de suporte bem como da apresentação de um plano de pormenor com programa de desenvolvimento exigente e cronologicamente definido).[31]

O que pretende tornar claro que apenas desenvolvendo todo o processo produtivo complexo de urbanização, com a assunção dos encargos correspondentes, os proprietários obterão o direito urbanístico pretendido, sendo tendencialmente eliminada qualquer expectativa fundada de "mais-valia caída do céu" resultante da simples classificação do solo como urbanizável.

Ou seja, pretende-se evitar que a simples definição pelo plano de uma potencialidade edificativa ou de urbanização conceda uma renda monopolista ao proprietário que nada investe para a obter: a obtenção dessa renda fica dependente do desenvolvimento de todo um processo produtivo complexo (fala-se, a este propósito, numa aquisição gradual de faculdades urbanísticas).

É certo que ideia da aquisição gradual de faculdades urbanísticas (prevista no artigo 15º da Lei nº 31/2014) obtém maior compreensão num sistema em que se passa sucessivamente da categoria do solo não programado para o solo programado e deste para o urbanizado, passagem que vai sendo feita por via do cumprimento de ónus e deveres urbanísticos e

---

[31] Note-se que, uma vez que nem todos os solos total e parcialmente urbanizados ou edificados serão integrados no solo urbano, a reclassificação de rústico para urbano deve ser feita preferencialmente nos solos com estas caraterísticas em detrimento de áreas do solo rústico que não tenha qualquer infraestrutura.

por etapas: solo não urbanizado; solo com licença de urbanização (para realização de obras de urbanização e loteamento urbano); solo urbanizado (infraestruturado e efetivamente loteado); solo urbanizado com licença de obras (para edificação); e solo urbanizado edificado.

Mas nada impede o seu funcionamento numa opção como a escolhida pelo legislador, ainda que no artigo 15º da Lei de Bases não sejam devidamente explicitadas as etapas de aquisição gradual dos direitos ou faculdades (estas parecem ser as que constam do nº 3 do artigo 13º), da mesma forma que não são devidamente explicitados os deveres que devem ser cumpridos sucessivamente, de forma a permitir a aquisição paulatina das referidas faculdades (tais deveres, são, julgamos nós, os que constam no nº 2 do artigo 14º o qual, ao contrário do que decorre da sua letra, apenas identifica os deveres dos proprietários dos solos urbanos).

Relevante, para que se "interiorizasse" a nova opção era, quanto a nós, a manutenção de uma norma como a que constava do Anteprojeto da Lei de Bases, que determinava que a classificação e a qualificação do solo não conferiam, por si só, direitos patrimoniais privados. A eliminação desta norma coloca em causa o próprio objetivo da aquisição gradual das faculdades urbanísticas, objetivo dificultado ainda pela previsão, constante do nº 3 do artigo 15º da Lei de Bases, de que *"a inexistência de faculdades urbanísticas não prejudica o disposto na lei em matéria de justa indemnização devida por expropriação"*. Com efeito, caso se mantenham as normas constantes do Projeto de Revisão Código das Expropriações, que apontam no sentido de que o valor dos solos depende do que prevê o plano e não do cumprimento, por parte do respetivo proprietários, dos seus ónus ou encargos urbanísticos, o disposto no artigo 15ºda Lei de Bases, referente à aquisição gradual de faculdades urbanísticas pode ser completamente postergado. Com a agravante de a alínea a) do nº 2 do artigo 71º fazer depender o valor do solo urbano do *"aproveitamento ou edificabilidade concreta estabelecidos pelo plano aplicável"*.

É efetivamente, fundamental que exista uma articulação da Lei de Bases com o Código de Expropriações ao nível da avaliação do solo, já que a avaliação para efeitos de expropriações não pode ser feita à margem da avaliação do solo para efeitos da execução dos planos, sob pena de se premiar o proprietário que não cumprindo os seus deveres urbanísticos, seja expropriado.

5. Alterações em Matéria de Dinâmica

Em matéria de dinâmica dos instrumentos de gestão territorial realçam-se os seguintes pontos:

(a) Desaparece a figura da retificação, que passa a integrar o elenco das situações sujeitas a correção material;
(b) Mantém-se, no seu essencial, a diferença existente entre a *alteração* (mais pontual, quer do ponto de vista territorial quer normativo) e a *revisão* (mais profunda e estrutural, designadamente por afetar opções que integram a estratégia do plano), mas alarga-se agora, com exceção dos programas especiais, o que, quanto a nós, não faz sentido, a revisão aos restantes instrumentos de gestão territorial, solução que está em consonância com o facto de também estes necessitarem, em determinadas situações, de ser reponderados na sua globalidade ou nos seus elementos estruturantes;
(c) Simplifica-se o procedimento de alteração por adaptação, já que deixam de ser objeto de aprovação, bastando que o órgão competente pela elaboração do plano transmita a adaptação efetuada ao órgão competente pela aprovação, bem como à comissão de coordenação e desenvolvimento regional,
(d) Esclarece-se ficar afastada a alteração por adaptação quando a alteração a efetuar determine uma opção autónoma de planeamento[32];

---

[32] Com efeito, nem sempre a alteração de um programa implica uma "transposição", sem mais, das suas normas para os planos territoriais, dado o conteúdo vago ou aberto

(e) Admite-se agora expressamente, como sempre o defendemos, a possibilidade de revogação de instrumentos de gestão territorial. Apenas se exige, em relação aos que sejam obrigatórios por lei, como os planos diretores municipais (ou os intermunicipais quando substituam aqueles), que esta revogação seja feita por substituição (na sequência de um procedimento de alteração ou de revisão), de modo a impedir um vazio de regulamentação em matérias essenciais como a classificação e a qualificação dos solos. Nos termos do artigo 127º, nº 3 do RJIGT a revogação segue, com as devidas adaptações, os procedimentos para a sua aprovação e publicação.

daquelas: a alteração de uma orientação de um programa pode levar à obrigação de alteração de um plano diretor municipal; mas se a nova orientação puder ser concretizada de várias formas, o município deve poder escolher aquela que, do ponto de vista dos seus interesses, é a mais adequada, apenas o podendo fazer no âmbito de um procedimento de alteração ou até, eventualmente, de revisão, dependendo da dimensão e do valor das modificações a introduzir.

6. Das Normas Provisórias

O RJIGT volta a introduzir, na sequência da Lei de Bases e a par das medidas preventivas e da suspensão dos procedimentos, enquanto medidas cautelares dos planos territoriais, a figura das normas provisórias.

Trata-se de um instrumento que permite uma antecipação, de forma positiva, de opções de planeamento que se encontrem suficientemente densificadas e consolidadas no procedimento planificador, permitindo assim adiantar a aplicação de novas orientações municipais que, caso contrário, apenas seriam mobilizáveis com a entrada em vigor do novo plano.

Na prática esta antecipação vinha sendo feita pela figura das medidas preventivas, já que se lhe reconhecia não apenas uma função meramente *conservatória*, mas também *antecipatória*[33], ainda que com a dificuldade de estarem dispensadas de consultas a entidades externas e de participação púbica, trâmites de que não se dispensa a aprovação e a entrada em vigor das normas provisórias (nº 5 do artigo 138º).

Assim, sempre que durante o procedimento de elaboração, revisão ou alteração de um plano territorial, determinadas opções de planeamento ou opções para determinada área territorial se encontrem já suficientemente consolidadas (isto é, densificadas e documentadas no âmbito do procedimento em curso), podem as mesmas ser antecipadas por via das normas provisórias, as quais devem ser devidamente fundamentadas na necessidade de garantir a salvaguarda de importantes interesses públicos

---

[33] Cfr. o nosso "As Medidas Cautelares dos Planos", em parceria com Dulce Lopes, *in Revista do Centro de Estudos do Direito do Ordenamento, do Urbanismo e do Ambiente*, nº 10, Ano V_2.02, p. 45-68, Coimbra Editora.

prosseguidos pelo plano, que devem devidamente explicitados (artigo 135º)

Quanto às medidas preventivas, o seu regime permanece no essencial. Chamamos porém a atenção para o facto de as comunicações prévias não estarem agora reservadas para operações de reduzido impacto nem corresponderem a um procedimento de controlo prévio (pelo contrário, as operações sujeitas a comunicação prévia estão dispensadas de controlo prévio e apenas sujeitas a controlo sucessivo).[34]

Precisamente porque abrange operações urbanísticas em tudo iguais às sujeitas a licenciamento, pode justificar-se a adoção de medidas preventivas em relação a operações sujeitas a comunicação prévia, o que neste momento não é permitido pelo disposto no nº 4 do artigo 134º, que apenas admite a proibição, limitação ou sujeição a parecer vinculativo de determinadas ações *"não isentas de controlo administrativo prévio"* [alínea a)] ou não *"dispensadas de controlo administrativo prévio"* [alínea c)].

Por seu turno, precisamente por a comunicação prévia não ser um procedimento administrativo, no sentido de uma tramitação que desencadeia numa decisão da Administração, seria importante especificar-se de que forma as mesmas são abrangidas pela suspensão dos procedimentos prevista no artigo 145º, tendo este artigo como referente preferencial o procedimento de licenciamento (cfr. o nº 3, que se refere ao prosseguimento do procedimento para a *"apreciação do pedido até à decisão final"* e o nº 5 que se refere a um novo requerimento, que não existem – decisão final e requerimento – na comunicação prévia).

Refira-se ainda que o artigo 141º do RJIGT, relativo à cessação da vigência das medidas preventivas e das normas provisórias, contém algumas situações de caducidade e não apenas a referida expressamente na alínea e) do nº 3: é o caso da caducidade pelo decurso do prazo fixado para sua vigência [alínea b)], da caducidade pela entrada em vigor do plano que as motivou [alínea c)] e pelo abandono da intenção de elaborar o plano que as fundamenta [alínea d)].

---

[34] A este propósito deve ter-se cautela na leitura do artigo 143º pois já não há atos de admissão de comunicações prévias, pelo que não se lhes aplica o regime da nulidade, como aliás resulta claro da versão atual do RJUE.

7. A Execução/Operacionalização dos Instrumentos de Gestão Territorial e Indemnização

i. A secção I do Capitulo V, (programação e sistemas de execução) permanece praticamente intocado:

(a) Continua a assentar na diferenciação entre *execução sistemática* [a partir dos sistemas de iniciativa particular (que deixa de se chamar de compensação, mas que lhe corresponde na integra),de cooperação e de imposição administrativa] e *execução não sistemática* (se bem que agora se explicitem em que circunstâncias esta pode ser mobilizada: quando a execução do plano territorial de âmbito intermunicipal ou municipal, ou de parte de um plano possa ser realizada por meio de operações urbanísticas, em zonas urbanas consolidadas, tal como definidas no regime jurídico da urbanização e da edificação ou quando a delimitação de unidades de execução se revele impossível ou desnecessária, à luz dos objetivos delineados pelo próprio plano – nº 3 do artigo 147º);

(b) Continua a assentar na delimitação de *unidades de execução,* parecendo ignorar-se outras realidades, de incentivo a intervenções integradas (e programadas) no território, como por exemplo, as áreas de reabilitação urbana;

(c) Inova ao explicitar em que consiste a *programação da execução* introduzindo a exigência de os planos territoriais integrarem orientações para a sua execução, a inscrever nos planos de atividades e nos orçamentos. Fica-se, assim, a saber, que a programação de um plano territorial consiste na identificação, por prioridade, das intervenções consideradas estratégicas ou estruturantes; na explicitação dos objetivos a atingir; na descrição e estimativa dos custos individuais e da globalidade das ações previstas no plano; na indicação dos prazos de execução; na ponderação da viabilidade jurídico-fundiária e da sustentabilidade económico-financeira das respetivas propostas; na definição dos meios disponíveis, dos sujeitos responsáveis pelo financiamento e dos demais agentes a envolver na execução e, ainda, na estimativa da capacidade de investimento público relativa às propostas do plano territorial em questão, a médio e a longo prazo, tendo em conta os custos da sua execução.

ii. No que concerne à secção II do mesmo Capítulo (instrumentos de execução), o legislador alarga o seu rol, tendo por referência a Lei de Bases e os instrumentos que dela constam como instrumentos de política de solos. Introduz-se, assim, alguma regulamentação sobre a forma como os bens do domínio público podem ser utilizados para a prossecução de políticas públicas de solo[35], bem como sobre a reserva de solo para finalidades públicas, o direito de preferência, a demolição de edifícios, a concessão de utilização e exploração do domínio público, a expropriação por utilidade pública, a venda forçada, o arrendamento forçado, a estruturação da propriedade e o reparcelamento do solo urbano.

Trata-se de uma secção que não introduz (nem julgamos que tenha pretendido introduzir) inovações substanciais, mas apenas tratar de

---

[35] O RJIGT, como aliás a Lei de Bases, ficou neste particular muito aquém do que podia ter determinado. Com efeito, interessante, por útil, teria sido aproveitar uma das propostas constantes do artigo 38º, 1 do Anteprojeto da Lei de Bases que determinava que as entidades administrativas com atribuições em matéria do solo constituíssem obrigatoriamente *patrimónios autónomos* compostos por bens imóveis integrantes do seu domínio privado e outros ativos patrimoniais, que ficassem *exclusivamente afetos* à prossecução de finalidades de política fundiária, identificando bens que neles necessariamente seriam integrados (v.g. os resultantes de cedências urbanísticas e de compensações perequativas), impondo a sua administração de forma direta pelas entidades públicas deles titulares e proibindo a sua transmissão a qualquer título, sem prejuízo dos atos de disposição singular dos bens neles integrados tendo em vista a prossecução das respetivas finalidades.

forma articulada e unificada alguns dos mais relevantes meios de intervenção administrativa no solo.

De todos, realçamos dois. Um para colocar algumas dúvidas que a sua leitura nos suscita (reserva do solos solo para a execução de infraestruturas urbanísticas, de equipamentos e de espaços verdes e outros espaços de utilização coletiva), outro para colocar em causa a alteração (reparcelamento do solo urbano).

No que concerne ao primeiro, parece-nos contraditório que se preveja, por um lado, que a constituição das reservas de solo, quando incida sobre prédios de particulares, determina a obrigatoriedade da sua aquisição no prazo estabelecido no plano territorial ou no respetivo instrumento de programação (sendo responsáveis pela aquisição dos prédios as entidades administrativas em benefício das quais foi estabelecida aquela reserva) e simultaneamente se determine que se não for estabelecido prazo, a reserva do solo caduca no prazo de cinco anos, contados da data da entrada em vigor do respetivo plano territorial (a não ser que tal se deva a incumprimento, por parte do proprietário, dos seus deveres urbanísticos).

Em face desta regulamentação pergunta-se que direito tem afinal o proprietário do solo afetado pela reserva quando não lhe seja imputável a sua não concretização: o direito de ser expropriado (com a obrigação de a entidade competente lhe pagar uma indemnização) ou a caducidade da reserva (com o dever de aquela entidade definir a regras para a área, quando tal se releva necessário)?

No que concerne ao reparcelamento, extingue-se a possibilidade, que era admitida desde a versão inicial do RJIGT – e que, a nosso ver continua a fazer sentido em muitas situações de colmatação de espaços urbanos para as quais são necessários projetos conjuntos (integrados) –, que do reparcelamento resultem parcelas para urbanização e não apenas lotes para construção. Isto não obstante, reconhecemo-lo, a extinção do "solo urbanizável" as torne menos evidentes, já que era nele que a sua mobilização mais se justificava como uma forma de o programar.

Ainda assim, a flexibilidade desta modalidade do reparcelamento urbano (que dá origem a parcelas para urbanização), continua a apresentar-se, em muitas situações, como uma importante forma de programação da ocupação dos solos (por exemplo, em espaços vazios dentro das cidades que necessitam de ser restruturados e "preenchidos" de forma coerente) o que agora, infelizmente, se perde.[36]

iii. No que concerne à indemnização permanece o seu caráter supletivo em relação aos mecanismos de perequação (artigo 171º, nº 1), havendo lugar a indemnização não apenas quando a opção do plano afete posições juridicamente consolidadas (licenças, comunicações prévias ou informações prévias válidas e eficazes, bem assim como, apenas a título de exemplo, as aprovações de projetos de arquitetura, como decorre do nº 5 do artigo 134º) – cfr. nº 2 do artigo 171º –, mas também as restrição ao aproveitamento urbanístico constante da certidão de um plano de pormenor com efeitos registais, determinada pela sua alteração, revisão ou suspensão, durante o prazo de execução previsto na programação do plano (nº 3 do artigo 171º) e, ainda, as restrições singulares às possibilidades objetivas de aproveitamento do solo impostas aos proprietários, resultantes da alteração, revisão ou suspensão de planos territoriais, que comportem um encargo ou um dano anormal dentro do período de três anos a contar da data da sua entrada em vigor, ainda que, se bem se entende pela referência ao princípio da proteção da confiança, o interessado não seja titular de qualquer posição juridicamente consolidada/adquirida (nº 4 do artigo 171º), situação que será atualmente excecional tendo em consideração a regulamentação constante da Lei de Bases, segundo a qual as faculdades urbanísticas não decorrem diretamente do plano, sendo adquiridas sucessivamente através do cumprimento pelo proprietário, dos deveres urbanísticos inerentes. O que significa que dificilmente o interessado "inativo" terá um encargo ou dano anormal indemnizável.

A lei exclui desta indemnização situações de vinculação situacional do solo, isto é, situações em que a medida restritiva não corresponde ao exercício de uma opção própria da entidade planificadora, mas é determinada pelas características físicas e naturais do solo ou pela existência de riscos para as pessoas e bens. É o caso, a título de exemplo, das situações em os planos destinam para a zonas verdes e de lazer áreas com condicio-

---

[36] Sobre a importância desta modalidade de reparcelamento urbano cfr. o nosso *"Execução Programada de Planos Municipais", As Unidades de Execução como Instrumento de Programação Urbanística e o Reparcelamento Urbano como Figura Pluriforme* (em parceria com Dulce Lopes), Coimbra, Almedina, 2013.

nantes de ordem natural, como linhas de água, vales profundos, etc., que não denotavam já, independentemente da opção planificadora, qualquer vocação edificatória. E isto embora, por estarem causa, na maior parte das vezes, solos afetos à estrutura ecológica necessários ao equilíbrio do sistema urbano (desempenhando por isso uma *função de melhoria da qualidade urbana* da cidade), os mesmos devam ser incluídos na perequação.

iv. Em matéria de perequação de benefícios e encargos não se denotam alterações de monta. Mantém-se, assim:

(a) o dever de todos os planos territoriais garantirem, à respetiva escala, a justa repartição dos benefícios e encargos bem como a redistribuição das mais-valias fundiárias entre os diversos proprietários (nº 1 do artigo 176º);
(b) a admissibilidade de mecanismos de perequação diretos (especificamente criados para o efeito) ou indiretos (criados para outros efeitos, mas que podem ser aproveitados para este fim, como as taxas urbanísticos) – nº 1 do artigo 176º;
(c) as unidades de execução como o instrumento preferencial para a aplicação da perequação (nº 1 do artigo 176º), com a previsão de que os montantes gerados pela perequação entre todos os proprietários dentro da mesma devem compensar-se, de forma que o valor correspondente aos pagamentos a efetuar equilibre o valor dos recebimentos a que haja lugar (artigo 181º)[37];

---

[37] A abrangência geográfica dos mecanismos de perequação é, quanto a nós, uma das questões fundamentais para que a perequação possa desempenhar cabalmente o seu papel. E deste ponto de vista pensamos que a referenciação feita no RJIGT apenas às unidades de execução pode revelar-se insuficiente. Com efeito, a perequação tanto pode referir-se à totalidade do território municipal; à totalidade de um aglomerado urbano; a cada uma das partes em que, para o efeito, poderá ser dividido o aglomerado urbano; ou a cada unidade de execução. A primeira hipótese, pelo menos para os concelhos com grandes áreas rurais, traduzir-se-ia num "benefício-padrão" muito pequeno e, consequentemente, na socialização do direito de urbanizar, o que se afigura pouco compatível com os paradigmas da sociedade atual. A última hipótese, para a qual parece apontar a lei e que tem sido adotada por muitos planos municipais, é demasiado limitada: é certo que terá de haver perequação no interior de uma unidade de execução (aliás, a unidade de execução, apontando sempre para uma parceria, exige explicitamente uma distribuição perequativa de benefícios e encargos entre os proprietários, no âmbito da

(d) a identificação dos objetivos da perequação, ainda que agora alargados, pois acrescentam-se aos anteriormente referidos, objetivos de regulação do mercado de solos e do mercado de arrendamento: garantia da igualdade de tratamento relativamente a benefícios e encargos decorrentes de plano territoriais; obtenção pelos municípios de meios financeiros adicionais para o financiamento da reabilitação urbana, da sustentabilidade dos ecossistemas e para garantia da prestação de serviços ambientais; disponibilização de terrenos e de edifícios ao município, para a construção ou ampliação de infraestruturas, de equipamentos coletivos e de espaços verdes e outros espaços de utilização coletiva; supressão de terrenos expectantes e da especulação imobiliária; correção dos desequilíbrios do mercado urbanístico; promoção do mercado de arrendamento por via da criação de uma bolsa de oferta de base municipal; realização das infraestruturas urbanísticas e de equipamentos coletivos em zonas carenciadas (artigo 176º);

(e) a discricionariedade na criação de mecanismos de perequação, continuando o RJIGT a identifica-los exemplificativamente: estabelecimento de uma edificabilidade média; estabelecimento de uma área de cedência média e repartição dos custos de urbanização (artigos 177º e ss.).

A lógica do funcionamento destes mecanismos de perequação também se mantém, fundando-se no estabelecimento de um "benefício-padrão" – que equivale ao benefício que o plano deveria ter atribuído a todos caso os tratasse de forma igual –, e um encargo padrão relativo a

correspondente operação urbanística, sendo inclusive condição inerente e indispensável em qualquer parceria), mas deixaria de fora todas as operações urbanísticas não inseridas em unidade de execução e dificilmente asseguraria as cedências de terreno para infraestruturas gerais.

Consideramos, por isso, mais adequado que as regras perequativas, a estabelecer pelo município, abranjam a globalidade do aglomerado urbano ou, em alternativa, grandes áreas, similares à partida, em que para o efeito este seja dividido. Aliás, na nossa perspetiva, os mecanismos de perequação, no que à sua abrangência geográfica diz respeito, devem ocorrer em *dois âmbitos* geográficos distintos mas complementares: *o global* (a estabelecer em plano diretor ou plano de urbanização) e o *local* (a definir em unidade de execução e a estabelecer pelos proprietários).

um "benefício unitário" com o funcionamento de *compensações* nas situações de desvio, para mais ou para menos, relativamente ao padrão. Esta compensação deve ser cobrada aquando da emissão dos correspondentes alvarás (ou outros títulos) de operações urbanísticas o que significa que estas compensações (perequativas) não se encontram abrangidas pela proibição constante do nº 4 do artigo 117º do RJUE; pelo contrário, estas compensações correspondem a contrapartidas que tem clara concretização legal e, mais, são exigidas pelo legislador, não podendo o município eximir-se a sua consagração e aplicação.

As referidas compensações a título de perequação continuam a poder traduzir-se, basicamente, em terrenos e/ou em numerário e pode ocorrer diretamente entre proprietários e/ou entre proprietários e o município (cfr. artigos 178º, 179º e 182º).

A este propósito o artigo 180º do RJIGT estabelece que os planos territoriais podem prever uma percentagem de índice de construção que reservam para efeitos de perequação, definindo os termos e condições em que os valores do direito concreto de construir podem ser utilizados, bem como os mecanismos para a respetiva operacionalização.

8. Regime Económico-Financeiro

i. De acordo com a regulamentação introduzida pela Lei de Bases, a dimensão económica das políticas públicas passa a assumir relevo no quadro do ordenamento do território, prevendo-se que o Estado passe a exercer, neste domínio e de forma estruturada, funções reguladoras do setor. Vem, assim, e em termos de políticas económicas, juntar-se às funções do Estado de *desenvolvimento* e de *coesão*, a sua função reguladora de mercado [cfr. alíneas d) e e) do nº 2 do artigo 176º do RJIGT], afirmando--se expressamente que *"a regulação fundiária é indispensável ao ordenamento do território, com vista ao aproveitamento pleno dos recursos naturais, do património arquitetónico, arqueológico e paisagístico, à organização eficiente do mercado imobiliário, ao desenvolvimento económico sustentável e à redistribuição justa de benefícios e encargos"* (nº 1 do artigo 172º do RJIGT).

No mesmo sentido refira-se a alínea c) do nº 1 do artigo 3º da Lei de Bases onde se assume que um dos princípios gerais da nova lei é o princípio da *"economia e da eficiência, assegurando a utilização racional e eficiente dos recursos naturais e culturais, bem como a sustentabilidade ambiental e financeira das opções adotadas pelos programas e planos territoriais"*, princípio confirmado nos nºs 2 e 3 do artigo 172º do RJIGT.

Neste âmbito o RJIGT determina que os municípios elaborem um *programa de financiamento urbanístico* integrado no programa plurianual de investimentos municipais na execução, conservação e reforço das infraestruturas gerais (aprovado anualmente pela assembleia municipal, sob proposta da câmara municipal), onde prevejam, antecipadamente, os custos gerais de gestão urbanística e a forma do respetivo financiamento (artigo 174º), determinado o artigo 175º que as operações urbanísticas previstas nos planos territoriais devem assegurar a execução e o financiamento das infraestruturas, dos equipamentos e dos espaços verdes e de outros espaços de utilização coletiva através da realização das necessárias obras de urbanização, da participação proporcional dos promotores no seu financiamento (através do pagamento de taxa pela realização, manutenção e reforço de infraestruturas urbanísticas e da cedência de bens imóveis para fins de utilidade pública), tudo nos termos que forem previstos no plano.

Mais, determina-se que os planos prevejam mecanismos de incentivo à conservação da natureza e da biodiversidade, à salvaguarda do património natural, cultural ou paisagístico, à minimização de riscos coletivos inerentes a acidentes graves ou a catástrofes e de riscos ambientais, à reabilitação ou regeneração urbanas, à dotação adequada em infraestruturas, transportes, equipamentos, espaços verdes ou outros espaços de utilização coletiva, e ainda à habitação social e à eficiência na utilização dos recursos e eficiência energética (artigo 173º do RJIGT).

ii. Não podemos deixar de referir que o RJIGT nos parece ter ficado aquém daquilo que dele seria expectável. Com efeito, não encontramos em todo o seu articulado o desenvolvimento de aspetos importantes para que a Lei de Bases apontava. Referimo-nos, concretamente, à previsão contante do artigo 62º, nº 4 da Lei de Bases segundo o qual "*Os municípios devem constituir um Fundo Municipal de Sustentabilidade Ambiental e Urbanística, ao qual são afetas receitas resultantes da distribuição de mais-valias, com vista a promover a reabilitação urbana, a sustentabilidade dos ecossistemas e a prestação de serviços ambientais, sem prejuízo do município poder afetar outras receitas urbanísticas a este Fundo, com vista a promover a criação, manutenção e reforço de infraestruturas, equipamentos ou áreas de uso público*" complementada pelo disposto no artigo 68º, nº 2 da mesma lei de acordo com o qual "*As mais--valias originadas pela edificabilidade estabelecida em plano territorial são calculadas e distribuídas entre os proprietários e o Fundo Municipal de Sustentabilidade Ambiental e Urbanística*". A única referência expressa a esta matéria é a que consta no nº 2 do artigo 172º do RJIGT, que determina a necessidade de os planos identificarem as mais valias fundiárias bem como os critérios para a sua parametrização e redistribuição.

8. REGIME ECONÓMICO-FINANCEIRO

E referimo-nos, também, à previsão constante do artigo 64º, nº 7 da Lei de Bases, de acordo com o qual "*A lei pode ainda estabelecer mecanismos de distribuição de encargos e benefícios destinados a compensar os custos decorrentes da proteção de interesses gerais, nomeadamente, a salvaguarda do património cultural, a valorização da biodiversidade ou da proteção de ecossistemas*" que não encontra igualmente qualquer desenvolvimento no RJIGT.

Julgamos, porém, que a ausência de uma regulamentação mais pormenorizada nesta matéria pode não se revelar, no final, prejudicial: a mera indicação dos princípios acabados de enunciar dão à Administração o indispensável (a autorização para intervir nestes domínios) sem, contudo, a "amarrar" a soluções fechadas.

9. Outras Novidades

i. Uma das novidades é a preocupação do legislador em articular o sistema de gestão territorial regulado no RJIGT com o regime aplicável ao ordenamento e à gestão do espaço marítimo nacional, que não é abrangido por aquele. Não se percebe, da leitura do RJGIT qual o tipo de instrumento de ordenamento que deve prevalecer, mas não se afasta a hipótese de ser o instrumento de gestão territorial.

De facto, ainda que se preveja que os programas e os planos territoriais devem assegurar a respetiva compatibilidade com os instrumentos de ordenamento do espaço marítimo nacional que incidam sobre a mesma área ou sobre áreas que, pela interdependência estrutural ou funcional dos seus elementos, necessitem de uma coordenação integrada e, ainda que se preveja que os programas e os planos territoriais devem avaliar e ponderar as regras dos instrumentos de ordenamento do espaço marítimo nacional preexistentes, determina-se expressamente que as regras e as diretrizes dos programas setoriais e especiais que abrangem zonas marítimas *devem ser integradas* nos instrumentos de ordenamento do espaço marítimo (nº 2 do artigo 25º) e, ainda, a necessidade de os programas setoriais e especiais identificarem expressamente as normas dos instrumentos de ordenamento do espaço marítimo incompatíveis que, por causa deles, devam ser revogadas ou alteradas (nº 4 do artigo 25º), o que pressupõe esta possibilidade.

Em todo o caso, existe um dever de compatibilização recíproca, introduzindo-se exigências de ponderação a realizar caso a caso: em cada situação de conflito deve ser dada prioridade às soluções que determinem *"uma utilização mais sustentável do espaço"*.

ii. Em matéria de recursos territoriais, que se referem a interesses a identificar e ponderar no procedimento de elaboração e nos próprios instrumentos de gestão territorial, acrescentam-se as *áreas perigosas e de riscos* (artigo 13.º) e as *áreas de exploração de recursos energéticos e geológicos* (artigo 15º);

iii. Enriquece-se o conteúdo do direito à participação, ao integrar no mesmo, como a forma mais intensa desta participação, a faculdade de os interessados proporem a celebração de contratos para planeamento, faculdade contudo já reconhecida anteriormente. A referência genérica a esta possibilidade logo no artigo referente a direito à participação permite ao legislador deslocar a regulamentação destes contratos para uma outra parte do RJIGT: a referente à tramitação procedimental.

iv. Esclarece-se que o PNPOT visa também concretizar as políticas europeias de desenvolvimento territorial [alínea i) do artigo 31º], determinado ainda que lei que aprova o programa nacional da política de ordenamento do território deve identificar as disposições dos programas de âmbito regional incompatíveis com o modelo de ocupação espacial definido pelo programa nacional de política de ordenamento do território e consagrar os prazos e as formas de atualização dos programas regionais preexistentes, ouvidas previamente as comissões de coordenação e desenvolvimento regional.

v. Exige-se que todos os instrumentos de gestão territorial integrem indicadores qualitativos e quantitativos que suportem a avaliação prevista no capítulo VIII do RJIGT.

vi. Na parte da violação dos instrumentos de gestão territorial, reforça-se a ideia da fiscalização (artigo 31º); e esclarece-se que apenas a violação de planos diretamente vinculativos dos particulares é causa de nulidade dos atos (nº 1 do artigo 130º) remetendo para o regime especial de invalidade constante do RJUE.

vii. É criada uma Comissão Nacional do Território, que funciona na dependência do membro do Governo responsável pela área do ordenamento do território e com a função de coordenar a execução da política nacional do ordenamento do território, sustentada em indicadores qualitativos e quantitativos dos instrumentos de gestão territorial, restrições de utilidade pública e servidões administrativas. Esta comissão tem igualmente um papel importante em matéria relacionada com a Reserva Ecológica Nacional (REN), o que se compreende em virtude da extinção da Comissão Nacional da REN e da sua substituição por esta entidade (cfr. artigo 201º do RJIGT). As atribuições, composição e funcionamento desta Comissão encontram-se previstas nos artigos 184º a 186º

10. Normas Transitórias

O RJIGT contém normas transitórias referentes a vários aspetos diferenciados. No que concerne ao *procedimento* dispõe o artigo 197º: os procedimentos de planeamento para os quais já se tenha, à data da entrada em vigor do RJIGT (60 dias após a data da sua publicação), deliberado a abertura da fase da discussão pública, seguem até ao fim pelo procedimento definido na versão anterior do RJIGT, aplicando-se a presente versão nas restantes situações, mas com salvaguarda dos atos praticados, o que significa que não se obriga a adaptações procedimentais que coloquem em causa o procedimento já desenvolvido até ao momento ou que obriguem a repetir fases procedimentais já cumpridas. Assim, nos procedimentos em que já foi constituída uma comissão de acompanhamento que, inclusive, pode já ter reunido várias vezes, esta não tem de ser substituída por uma comissão consultiva. Mas a este procedimento, tratando-se, por exemplo, da revisão de um plano diretor municipal, já não se aplica a obrigatoriedade de parecer final da CCDR depois da discussão pública e antes da aprovação pela assembleia municipal.

Em matéria de classificação e qualificação dos solos aplica-se a norma transitória da Lei de Bases constante do artigo 82º[38]: a nova classifica-

---

[38] Determina este artigo, naquilo que aqui interessa: "*2 – As regras relativas à classificação de solos, previstas na presente lei, são aplicáveis aos procedimentos de elaboração, alteração ou revisão de planos territoriais de âmbito intermunicipal ou municipal, que se iniciem após a data da sua entrada em vigor e aos que ainda se encontrem pendentes um ano após essa data, sem prejuízo do disposto no número seguinte. 3 – Nos procedimentos de elaboração, alteração ou revisão de planos territoriais a que se refere o número anterior, os terrenos que estejam classificados como solo urbani-*

ção aplica-se aos procedimentos de planeamento que se iniciem após a entrada em vigor da Lei de Bases, portanto, cuja deliberação de início do procedimento pela câmara municipal tenha sido tomada depois de 29 de julho de 2014 (cfr, parte inicial do nº 2 do artigo 82º).

No que concerne aos procedimentos que a 29 de julho de 2014 estejam em curso, os mesmos apenas terão de adotar a nova classificação dos solos em rústico e urbano [sendo este apenas o que já está total ou parcialmente urbanizado ou edificado – alínea b) do nº 2 do artigo 10º] se o procedimento de planeamento não estiver concluído dentro de um ano a contar da entrada em vigor desta lei (parte final do nº 2).[39]

zável ou solo urbano com urbanização programada, mantêm a classificação como solo urbano para os efeitos da presente lei, até ao termo do prazo para execução das obras de urbanização que tenha sido ou seja definido em plano de pormenor, por contrato de urbanização ou de desenvolvimento urbano ou por ato administrativo de controlo prévio."

[39] Como afirmamos noutro local a propósito desta norma transitória, de forma a evitar um desperdício de tempo e de recursos, cada município deve fazer um juízo sério sobre se o prazo de um ano é suficiente para que o procedimento de planeamento que tem em curso esteja terminado. Assim, se o procedimento já está em fase adiantada, poderá o município concluir (e deverá fazer um esforço para concluir) o procedimento dentro deste ano, não tendo que se adequar à nova classificação do solo; se, pelo contrário, o procedimento ainda está em fase inicial (ou incipiente), sendo difícil ter o mesmo concluído no prazo de um ano, pode ser mais cauteloso começar a trabalhar no sentido de se adequar à nova classificação dos solos para evitar que, um ano depois, tenha de perder trabalho entretanto feito.

De notar que a lei se refere aos procedimentos que um ano depois estejam pendentes, o que significa que apenas estarão fora da aplicação da nova classificação do solo os planos que até lá sejam publicados. Como também já defendemos, admitimos que, caso o plano tenha sido aprovado na assembleia municipal nesse prazo faltando apenas cumprir as fases restantes (de publicação), não lhe seja exigido a adaptação à nova legislação. É que a aprovação na assembleia municipal é o momento constitutivo deste procedimento (o momento em que se define o seu conteúdo) sendo que os trâmites seguintes, por se referirem apenas aos efeitos do plano, em nada tocam naquele conteúdo que já está definido. Entendemos que apenas assim não será se a falta de publicação nesse prazo se ficar a dever a factos imputáveis ao próprio município. Será diferente, em nosso entender, as situações em que os planos municipais ou intermunicipais estão dependentes de ratificação na medida em que, de acordo com o regime em vigor e o previsto no artigo 51º da Lei de Bases, as opções do plano municipal ficam dependentes da decisão do Governo em aceitar a revogação ou alteração dos planos (futuramente programas) da sua responsabilidade, pelo que a decisão municipal não é, a este propósito, definitiva. Na medida, porém, em que esta solução não é liquida (já que, não estando o plano ainda publicado,

10. NORMAS TRANSITÓRIAS

Por isso, sendo possível concluir o procedimento de planeamento dentro do prazo de um ano, podem os planos em causa manter a categoria de solo urbanizável [sendo certo que essa categoria não se encontra referida no RJIGT, mas apenas no Decreto Regulamentar 11/2009 onde na alínea b) do nº 1 do artigo 22º se diz que é aquele que se destina à expansão urbana e cuja urbanização tem de ser precedida de prévia programação], o que significa que podem qualificar o solo de urbanizável ficando os proprietários desses solos sujeitos ao regime previsto neste decreto regulamentar para os poderem ocupar (prévia delimitação de unidade de execução, aprovação de instrumento de programação, inscrição nos orçamentos, etc.).

Se os municípios não conseguirem aprovar o plano naquele prazo ou tratando-se de um plano cujo procedimento se inicie depois da entrada em vigor desta lei, tem aplicação o nº 3 (é isso que decorre da expressão *"Nos procedimentos de elaboração, alteração ou revisão de planos territoriais a que se refere o nº anterior"*). Nestes casos, tendo de se seguir, como decorre do nº 2, a "nova" classificação (solo urbano é o que está total ou parcialmente urbanizado ou edificado), admite-se que permaneçam com o estatuto de urbano os solos que embora ainda não estejam urbanizados ou edificados fossem qualificados de urbanizáveis e já dispusessem de instrumentos de programação aprovados (solos urbanizáveis com urbanização já programada). Nesta hipótese, se a execução das obras de urbanização decorrerem dentro dos prazos estabelecidos no instrumento de programação, passarão a integrar definitivamente a categoria de solos urbanos (por passarem a estar infraestruturados); caso tal não suceda, perdem esse estatuto, retornando à classe do solo rústico.

Note-se, porém, que apesar desta norma transitória, o nº 2 do artigo 199º do RJIGT vem estipular que todos os planos municipais ou intermunicipais devem, no prazo máximo de cinco anos após a entrada em vigor do RJIGT, incluir as regras de classificação e qualificação nele previstas (portanto, adequadas às novas classes e categorias da Lei de Bases), sob pena de suspensão das normas do plano territorial que deveriam ter sido

---

o procedimento ainda não terminou, estando, por isso, na situação a que se refere o nº 2 do artigo 82º: procedimento pendente). Neste sentido *vide* o nosso "O regime transitório da Lei nº 31/2014, de 30 de maio", in *Questões Atuais de Direito Local*, nº 03, julho/setembro 2014.

alteradas, não podendo, na área abrangida e enquanto durar a suspensão, haver lugar à prática de quaisquer atos ou operações que impliquem a ocupação, uso e transformação do solo.

No que concerne aos programas especiais, vale o disposto no artigo 78º da Lei de Bases[40] (artigo 198º do RJIGT): 1 ano a contar da entrada em vigor da Lei de Bases para a identificação pelas CCDRs das suas normas diretamente vinculativas dos particulares a integrar nos planos territoriais, a que acrescem três anos para as entidades responsáveis pelos planos territoriais as transporem nestes e o prazo de um anos para que os planos especiais assim "alterados" sejam reconduzidos aos novos programas (nº 2 do artigo 200º do RJIGT).

Por sua vez estabelece-se um prazo de 5 anos para a recondução dos atuais planos setoriais e regionais aos correspetivos programas (artigo 200º, nº 1, do RJIGT).

---

[40] Determina o artigo 78º da Lei de Bases o seguinte: *"1 – O conteúdo dos planos especiais de ordenamento do território em vigor deve ser vertido, nos termos da lei, no plano diretor intermunicipal ou municipal e em outros planos intermunicipais ou municipais aplicáveis à área abrangida pelos planos especiais, no prazo máximo de três anos, a contar da data da entrada em vigor da presente lei. 2 – Compete às comissões de coordenação e desenvolvimento regional, com o apoio das entidades responsáveis pela elaboração dos planos especiais de ordenamento do território em vigor e das associações de municípios e municípios abrangidos por aqueles, a identificação, no prazo de um ano a contar da data da entrada em vigor da presente lei, das normas relativas aos regimes de salvaguarda de recursos territoriais e valores naturais diretamente vinculativas dos particulares que devam ser integradas em plano intermunicipal ou municipal. 3 – As normas identificadas pelas comissões de coordenação e desenvolvimento regional nos termos do número anterior, são comunicadas à associação de municípios ou município em causa, para efeitos de atualização dos planos intermunicipais e municipais, sendo aplicável o disposto no nº 4 do artigo 46º 4 – Findo o prazo definido no nº 1, os planos especiais continuam a vigorar mas deixam de vincular direta e imediatamente os particulares, sem prejuízo do disposto nos nºs 5 e 6 do artigo 46º".*

Notas Conclusivas

Muito mais há, não temos dúvidas, a dizer acerca deste novo Regime Jurídico dos Instrumentos de Gestão Territorial. Estas são, porém, as observações e comentários que nos suscitam uma primeira leitura, "a quente", deste diploma acabado de sair. Temos a certeza que voltaremos em breve ao tema, com novos desenvolvimentos e reflexões que a aplicação prática desta lei certamente irá suscitar.

Decreto-Lei nº 80/2015, de 14 de maio

Estabelecidas as bases gerais de política pública de solos, do ordenamento do território e do urbanismo pela Lei nº 31/2014, de 30 de maio, o presente decreto-lei procede, no cumprimento do estabelecido no artigo 81º da referida lei, à revisão do Regime Jurídico dos Instrumentos de Gestão Territorial.

A lei de bases de política pública de solos, do ordenamento do território e do urbanismo procedeu a uma reforma estruturante, tanto do ponto de vista dos conteúdos, no sentido de definir um conjunto de normas relativas à disciplina do uso do solo, como do ponto do vista do seu sistema jurídico, com objetivo de traduzir uma visão conjunta do sistema de planeamento e dos instrumentos de política de solos, entendidos como os instrumentos por excelência de execução dos planos territoriais.

Constitui objetivo daquela lei o enriquecimento do sistema de gestão territorial através da distinção regimentar entre programas e planos, com fundamento na diferenciação material entre, por um lado, as intervenções de natureza estratégica da administração central e, por outro lado, as intervenções da administração local, de caráter dispositivo e vinculativo dos particulares. Assim, os instrumentos da administração central passam a designar-se programas, no sentido de reforçar o seu caráter de meio de intervenção do Governo na tutela de interesses públicos de âmbito nacional e regional.

Não obstante, o plano diretor municipal mantém-se como um instrumento de definição da estratégia municipal ou intermunicipal, estabelecendo o quadro estratégico de desenvolvimento territorial ao nível local ou sub-regional. Por outro lado, os planos territoriais passam a ser os únicos instrumentos passíveis de determinar a classificação e qualificação do uso do solo, bem como a respetiva execução e programação.

Desta forma, devem ser integradas no plano diretor municipal ou intermunicipal e aí adaptadas as orientações de desenvolvimento territorial decorrentes dos programas de âmbito nacional, regional e sub-regional.

Pretende-se, com esta opção, introduzir uma regulamentação que permita salvaguardar os interesses dos particulares e a sua confiança no ordenamento jurídico vigente, na medida em que todas as normas relativas à ocupação, uso e transformação dos solos, para poderem ser impostas aos particulares, devem estar previstas no mesmo regulamento.

Por outro lado, privilegiando-se a concretização da avaliação das políticas de planeamento, prevê-se a obrigatoriedade de fixação de indicadores destinados a sustentar a avaliação e a monitorização dos programas e dos planos territoriais no respetivo conteúdo documental, de cujos resultados passam a depender diretamente os processos de alteração e revisão dos planos.

Com o mesmo objetivo, clarifica-se o âmbito das relações entre os diversos níveis de planeamento, estabelecendo-se um princípio de prevalência cronológica uniforme, com obrigatoriedade de atualização e adaptação dos instrumentos anteriores.

Reconhecendo-se que a falta de agilidade na tramitação administrativa é incompatível com a urgência de iniciativas, é importante agilizar procedimentos, concertar posições e reforçar a contratualização e participação dos particulares nos processos de planeamento.

Deste modo, o novo regime, procurando superar as situações de impasse em fase final do acompanhamento da elaboração do plano diretor municipal, comete às comissões de coordenação e desenvolvimento regional a elaboração de um único parecer final que vincula toda a administração central, o qual é acompanhado pela ata da comissão consultiva.

Prevê-se, ainda, a disponibilização de uma plataforma eletrónica para efeitos de acompanhamento dos procedimentos de elaboração, alteração ou revisão dos planos diretores municipais. Garante-se, assim, maior eficiência dos serviços da Administração, impondo procedimentos desmaterializados e do conhecimento automático de todos os intervenientes.

Sendo certo que a uniformização de procedimentos e de normas técnicas constitui um fator essencial de simplificação é criada a Comissão Nacional do Território, que articula e avalia a política nacional do ordenamento do território, propõe a aprovação de normas técnicas no âmbito do planeamento e emite pareceres e recomendações sobre todas as questões relativas ao ordenamento do território e à articulação com os instrumentos de ordenamento do espaço marítimo, por sua iniciativa ou a solicitação de outras entidades. Esta Comissão vem, ainda, suceder à Comissão Nacional de Reserva Ecológica Nacional, nas suas atribuições.

O novo regime jurídico dos instrumentos de gestão territorial garante uma efetiva articulação e compatibilização dos programas e dos planos territoriais com os planos de ordenamento do espaço marítimo nacional, de modo a salvaguardar a interação mar-terra.

O presente decreto-lei prevê, no desenvolvimento da Lei nº 31/2014, de 30 de maio, a possibilidade das entidades intermunicipais, por vontade conjunta dos municípios constituintes destas, e de municípios vizinhos, se associarem para definirem, de modo coordenado, a estratégia de desenvolvimento e o modelo territorial, as opções de localização e de gestão de equipamentos públicos e infraestruturas, aprovando conjuntamente programas intermunicipais de ordenamento e desenvolvimento, planos diretores, planos de urbanização ou planos de pormenor.

Um modelo coerente de ordenamento do território deve assegurar a coesão territorial e a correta classificação do solo, invertendo-se a tendência, predominante nas últimas décadas, de transformação excessiva e arbitrária do solo rural em solo urbano. Com efeito, pretende-se contrariar a especulação urbanística, o crescimento excessivo dos perímetros urbanos e o aumento incontrolado dos preços do imobiliário, designadamente através da alteração do estatuto jurídico do solo.

Institui-se um novo sistema de classificação do solo, em solo urbano e solo rústico, que opta por uma lógica de efetiva e adequada afetação do solo urbano ao solo parcial ou totalmente urbanizado ou edificado, eliminando-se a categoria operativa de solo urbanizável. Em nome do princípio da sustentabilidade territorial, a reclassificação do solo como urbano é limitada ao indispensável, sustentável dos pontos de vista económico e financeiro, e traduz uma opção de planeamento necessária, devidamente programada, que deve ser objeto de contratualização. Assim, institui-se a obrigatoriedade da demonstração da sustentabilidade económica e financeira da transformação do solo rústico em urbano, através de indicadores demográficos e dos níveis de oferta e procura do solo urbano.

Por forma a assegurar a execução da operação urbanística, o plano deve definir um prazo para a execução da operação urbanística, findo o qual a classificação pode caducar, no caso de a mesma não ser realizada. A reclassificação do solo como urbano implica a fixação, por via contratual, dos encargos urbanísticos da operação e do respetivo prazo de execução e a redistribuição de benefícios e encargos, considerando todos os custos urbanísticos envolvidos na operação. Uma vez demonstrada a viabilidade económica na transformação do solo rústico em solo urbano, o direito de construir apenas se adquire com a aprovação da programação e com o cumprimento dos ónus urbanísticos fixados no contrato.

Em resumo, os programas e os planos territoriais integram orientações para a sua execução, nomeadamente no que respeita à identificação e à programação das intervenções consideradas estratégicas, com a estimativa dos custos individuais e dos respetivos prazos de execução, à ponderação da viabilidade jurídico-fundiária e da sustentabilidade económico-financeira das propostas, à definição dos meios e dos sujeitos responsáveis pelo financiamento e à estimativa da capacidade de investimento público.

Com a revisão dos instrumentos de gestão territorial a Administração ganha novos meios de intervenção pública no solo, destacando-se a reserva de solo, a venda e o arrendamento forçado de prédios urbanos, cujos proprietários não cumpram os ónus e os deveres a que estão obrigados por um plano territorial.

As políticas públicas devem ser direcionadas para a disponibilização de um ambiente sustentável e adequadamente infraestruturado, exigindo-se uma correta programação pública das intervenções a efetuar pelos municípios, assente em dois princípios fundamentais: o princípio da sustentabilidade financeira e o princípio da incorporação dos custos. Deste modo, os municípios devem elaborar um plano de sustentabilidade urbanística, que integra o programa plurianual de investimentos municipais na execução, na manutenção e no reforço das infraestruturas gerais e na previsão de custos gerais de gestão urbana.

Pretende-se, assim, iniciar um novo conceito e uma nova forma de gestão territorial, mais coerente, consequente e responsável, e dotando-a da racionalidade coletiva que o ordenamento do território lhe confere, enquadrando as dinâmicas económicas e sociais com efeitos espacializados.

Foram ouvidos os órgãos de governo próprio das Regiões Autónomas e a Associação Nacional de Municípios Portugueses.

Assim:

No desenvolvimento do regime jurídico estabelecido pela Lei nº 31/2014, de 30 de maio, e nos termos das alíneas *a*) e *c*) do nº 1 do artigo 198º da Constituição, o Governo decreta o seguinte:

CAPÍTULO I – Disposições gerais

SECÇÃO I – Disposições gerais relativas ao planeamento territorial

Artigo 1º – Objeto

O presente decreto-lei desenvolve as bases da política pública de solos, de ordenamento do território e de urbanismo, definindo o regime de coordenação dos âmbitos nacional, regional, intermunicipal e municipal do sistema de gestão territorial, o regime geral de uso do solo e o regime de elaboração, aprovação, execução e avaliação dos instrumentos de gestão territorial.

Artigo 2º – Sistema de gestão territorial
1 – A política de ordenamento do território e de urbanismo assenta no sistema de gestão territorial, que se organiza, num quadro de interação coordenada, em quatro âmbitos:
 a) O âmbito nacional;
 b) O âmbito regional;
 c) O âmbito intermunicipal;
 d) O âmbito municipal.
2 – O âmbito nacional é concretizado através dos seguintes instrumentos:
 a) O programa nacional da política de ordenamento do território;
 b) Os programas setoriais;
 c) Os programas especiais.
3 – O âmbito regional é concretizado através dos programas regionais.
4 – O âmbito intermunicipal é concretizado através dos seguintes instrumentos:
 a) Os programas intermunicipais;
 b) O plano diretor intermunicipal;
 c) Os planos de urbanização intermunicipais;
 d) Os planos de pormenor intermunicipais.
5 – O âmbito municipal é concretizado através dos seguintes planos:
 a) O plano diretor municipal;
 b) Os planos de urbanização;
 c) Os planos de pormenor.

Artigo 3º – Vinculação jurídica
1 – Os programas territoriais vinculam as entidades públicas.
2 – Os planos territoriais vinculam as entidades públicas e, direta e imediatamente, os particulares.
3 – O disposto nos números anteriores não prejudica a vinculação direta e imediata dos particulares relativamente às normas de intervenção sobre a ocupação e utilização dos espaços florestais.
4 – São nulas as orientações e as normas dos programas e dos planos territoriais que extravasem o respetivo âmbito material.
5 – As normas dos programas territoriais que, em função da sua incidência territorial urbanística, condicionem a ocupação, uso e transformação do solo são obrigatoriamente integradas nos planos territoriais.

Artigo 4º – Fundamento técnico
1 – Os programas e os planos territoriais devem explicitar, de forma clara, os fundamentos das respetivas previsões, indicações e determinações, a estabelecer com base no conhecimento sistematicamente adquirido:

a) Das características físicas, morfológicas e ecológicas do território;
b) Dos recursos naturais e do património arquitetónico e arqueológico;
c) Da dinâmica demográfica natural e migratória;
d) Das transformações ambientais, económicas, sociais e culturais;
e) Das assimetrias regionais e das condições de acesso às infraestruturas, aos equipamentos, aos serviços e às funções urbanas.

2 – Os programas e os planos territoriais devem conter os indicadores qualitativos e quantitativos para efeitos da avaliação prevista no capítulo VIII.

Artigo 5º – Direito à informação
1 – Todos os interessados têm direito a ser informados sobre a política de gestão do território e, em especial, sobre a elaboração, a aprovação, o acompanhamento, a execução e a avaliação dos programas e planos territoriais.

2 – O direito à informação referido no número anterior compreende as faculdades de:

a) Consultar os diversos processos, designadamente, os estudos de base e outra documentação, escrita e desenhada, que fundamentem as opções estabelecidas;

b) Obter cópias de atas de reuniões deliberativas e certidões dos instrumentos aprovados;

c) Obter informações sobre as disposições constantes de programas e de planos territoriais, bem como conhecer as condicionantes, as servidões administrativas e as restrições de utilidade aplicáveis ao uso do solo.

3 – As entidades responsáveis pela elaboração e pelo depósito dos programas e dos planos territoriais devem criar e manter atualizado um sistema que assegure o exercício do direito à informação, designadamente através do recurso a meios informáticos.

4 – A informação e os dados referidos no número anterior devem ser disponibilizados em formatos abertos, que permitam a leitura por máquina, nos termos da Lei nº 36/2011, de 21 de junho.

Artigo 6º – Direito de participação
1 – Todas as pessoas, singulares e coletivas, incluindo as associações representativas dos interesses ambientais, económicos, sociais e culturais, têm o direito de participar na elaboração, na alteração, na revisão, na execução e na avaliação dos programas e dos planos territoriais.

2 – O direito de participação referido no número anterior compreende a possibilidade de formulação de sugestões e de pedidos de esclarecimento, no âmbito dos procedimentos previstos no presente decreto-lei, às entidades responsáveis pelos programas ou pelos planos territoriais, bem como a faculdade de propor a

celebração de contratos para planeamento e a intervenção nas fases de discussão pública.

3 – As entidades públicas responsáveis pela elaboração, alteração, revisão, execução e avaliação dos programas e dos planos territoriais divulgam, designadamente através do seu sítio na Internet, da plataforma colaborativa de gestão territorial e da comunicação social:

a) A decisão de desencadear o processo de elaboração, de alteração ou de revisão, identificando os objetivos a prosseguir;

b) A conclusão da fase de elaboração, de alteração ou de revisão, bem como o teor dos elementos a submeter a discussão pública;

c) A abertura e a duração das fases de discussão pública;

d) As conclusões da discussão pública;

e) Os mecanismos de execução dos programas e dos planos territoriais;

f) O regime económico e financeiro dos planos territoriais;

g) O início e as conclusões dos procedimentos de avaliação, incluindo de avaliação ambiental.

4 – As entidades referidas no número anterior estão sujeitas ao dever de ponderação das propostas apresentadas, bem como de resposta fundamentada aos pedidos de esclarecimento formulados, nos termos previstos no presente decreto-lei.

5 – A abertura dos períodos de discussão pública é feita através de aviso a publicar no *Diário da República,* o qual deve prever o recurso a meios eletrónicos para participação na discussão pública, designadamente através de plataforma colaborativa de gestão territorial.

Artigo 7º – Garantias dos particulares

1 – No âmbito dos programas e dos planos territoriais são reconhecidas aos interessados as garantias gerais dos administrados previstas no Código do Procedimento Administrativo e no regime de participação procedimental, nomeadamente:

a) O direito de ação popular;

b) O direito de apresentação de queixa ao Provedor de Justiça;

c) O direito de apresentação de queixa ao Ministério Público.

2 – No âmbito dos planos intermunicipais e municipais é, ainda, reconhecido aos particulares o direito de promover a sua impugnação direta.

SECÇÃO II

SUBSECÇÃO I – Harmonização dos interesses

Artigo 8º – Princípios gerais

1 – Os programas e os planos territoriais identificam os interesses públicos prosseguidos, justificando os critérios utilizados na sua identificação e hierarquização.

2 – Os programas e os planos territoriais asseguram a harmonização dos vários interesses públicos com expressão territorial, tendo em conta as estratégias de desenvolvimento económico e social, bem como a sustentabilidade e a solidariedade intra e intergeracional na ocupação e utilização do território, assegurando a qualidade de vida e um equilibrado desenvolvimento socioeconómico às gerações presentes e futuras.

3 – Os programas e os planos territoriais devem estabelecer as medidas de tutela dos interesses públicos prosseguidos e explicitar os respetivos efeitos, designadamente quando essas medidas condicionem a ação territorial de entidades públicas ou particulares.

4 – As medidas de proteção dos interesses públicos estabelecidas nos programas e nos planos territoriais constituem referência na adoção de quaisquer outros regimes de salvaguarda.

Artigo 9º – Graduação do interesse público

1 – Nas áreas territoriais em que convergem interesses públicos incompatíveis entre si, deve ser dada prioridade àqueles cuja prossecução determine o mais adequado uso do solo, em termos ambientais, económicos, sociais e culturais.

2 – Excetuam-se do disposto no número anterior os interesses respeitantes à defesa nacional, à segurança, à saúde pública, à proteção civil e à prevenção e minimização de riscos, cuja prossecução tem prioridade sobre os demais interesses públicos.

Artigo 10º – Identificação dos recursos territoriais

Os programas e os planos territoriais identificam:

a) As áreas afetas à defesa nacional, à segurança e à proteção civil;
b) Os recursos e valores naturais;
c) As áreas perigosas e as áreas de risco;
d) As áreas agrícolas e florestais;
e) As áreas de exploração de recursos energéticos e geológicos;
f) A estrutura ecológica;
g) O património arquitetónico, arqueológico e paisagístico;

h) O sistema urbano;
i) A localização e a distribuição das atividades económicas;
j) As redes de transporte e mobilidade;
k) As redes de infraestruturas e equipamentos coletivos.

Artigo 11º – Defesa nacional, segurança e proteção civil
1 – Sempre que não haja prejuízo para os interesses do Estado, as redes de estruturas, de infraestruturas e dos sistemas indispensáveis à defesa nacional são identificadas nos programas e nos planos territoriais.
2 – O conjunto dos equipamentos, infraestruturas e sistemas que asseguram a segurança, a proteção civil e a prevenção e minimização de riscos, é identificado nos programas e nos planos territoriais.

Artigo 12º – Recursos e valores naturais
1 – Os programas e os planos territoriais identificam os recursos e valores naturais e os sistemas indispensáveis à utilização sustentável do território, bem como estabelecem as medidas e os limiares mínimos e máximos de utilização, que garantem a renovação e a valorização do património natural.
2 – Os programas e os planos territoriais procedem à identificação de recursos e valores naturais com relevância estratégica para a sustentabilidade ambiental e a solidariedade intergeracional, designadamente:
a) Orla costeira e zonas ribeirinhas;
b) Albufeiras de águas públicas;
c) Áreas protegidas e as zonas únicas que integram;
d) Rede hidrográfica;
e) Outros recursos territoriais relevantes para a conservação da natureza e da biodiversidade.
3 – Para efeitos do disposto nos números anteriores:
a) Os programas territoriais definem os princípios e as diretrizes que concretizam as orientações políticas relativas à proteção e à valorização dos recursos e valores naturais;
b) Os planos intermunicipais ou os planos municipais estabelecem, no quadro definido pelos programas e pelos planos territoriais cuja eficácia condicione o respetivo conteúdo, os parâmetros urbanísticos de ocupação e de utilização do solo adequados à salvaguarda e à valorização dos recursos e valores naturais;
c) Os programas especiais estabelecem os regimes de salvaguarda, determinados por critérios de proteção e valorização dos sistemas e valores naturais, por forma a compatibilizá-los com a fruição pelas populações.

Artigo 13º – Áreas perigosas e áreas de risco

1 – Os programas e os planos territoriais identificam e delimitam as áreas perigosas e de risco, desenvolvendo-as e concretizando-as.

2 – Os planos territoriais delimitam as áreas perigosas e de risco, identificam os elementos vulneráveis para cada risco e estabelecem as regras e as medidas para a prevenção e minimização de riscos, em função da graduação dos níveis de perigosidade e de acordo com os critérios a estabelecer pelas entidades responsáveis em razão da matéria.

Artigo 14º – Áreas agrícolas e florestais

1 – Os programas e os planos territoriais identificam as áreas afetas a usos agrícolas, florestais e pecuários, designadamente as áreas de reserva agrícola, de obras de aproveitamento hidroagrícola e de regime florestal.

2 – Os programas setoriais estabelecem os objetivos e as medidas indispensáveis ao adequado ordenamento agrícola e florestal do território, equacionando as necessidades atuais e futuras.

3 – A afetação, pelos programas e planos territoriais, das áreas referidas no nº 1 a utilizações diversas da exploração agrícola, florestal ou pecuária tem caráter excecional, sendo admitida apenas quando tal for comprovadamente necessário.

Artigo 15º – Áreas de exploração de recursos energéticos e geológicos

1 – Os programas e os planos territoriais devem identificar as áreas afetas à exploração de recursos energéticos e geológicos.

2 – Os planos territoriais devem delimitar e regulamentar as áreas previstas no número anterior, assegurando a minimização dos impactes ambientais e a compatibilização de usos.

Artigo 16º – Estrutura ecológica

1 – Os programas e os planos territoriais identificam as áreas, os valores e os sistemas fundamentais para a proteção e valorização ambiental dos espaços rústicos e urbanos, designadamente as redes de proteção e valorização ambiental, regionais e municipais, que incluem as áreas de risco de desequilíbrio ambiental.

2 – Os programas regionais, os programas especiais e os programas setoriais relevantes definem os princípios, as diretrizes e as medidas que concretizam as orientações políticas relativas às áreas de proteção e valorização ambiental que garantem a salvaguarda e a valorização dos ecossistemas.

3 – Os planos intermunicipais e municipais estabelecem, no quadro definido pelos programas e pelos planos territoriais, cuja eficácia condicione o respetivo conteúdo, os parâmetros e as condições de ocupação e de utilização do solo, asse-

gurando a compatibilização das funções de proteção, regulação e enquadramento com os usos produtivos, o recreio e lazer, e o bem-estar das populações.

Artigo 17º – Património arquitetónico, arqueológico e paisagístico
1 – Os vestígios arqueológicos, bem como os elementos e conjuntos construídos, que representam testemunhos da história da ocupação e do uso do território e assumem interesse relevante para a memória e a identidade das comunidades, são identificados nos programas e nos planos territoriais.
2 – Os programas e os planos territoriais estabelecem as medidas indispensáveis à proteção e à valorização do património arquitetónico, arqueológico e paisagístico, acautelando o uso dos espaços envolventes.
3 – No quadro definido por lei e pelos programas e planos territoriais, cuja eficácia condicione o respetivo conteúdo, os planos intermunicipais e municipais estabelecem os parâmetros urbanísticos aplicáveis e a delimitação de zonas de proteção.

Artigo 18º – Sistema urbano
1 – Os programas e os planos territoriais caracterizam a estrutura do povoamento preconizada e estabelecem, no quadro da política de cidades, os objetivos quantitativos e qualitativos que asseguram a coerência e a sustentabilidade do sistema urbano.
2 – Para efeitos do disposto no número anterior:
a) O programa nacional da política de ordenamento do território, os programas regionais, os programas intermunicipais e os programas setoriais relevantes, definem os princípios e as diretrizes que concretizam as orientações políticas relativas à distribuição equilibrada das funções de habitação, trabalho e lazer, bem como à otimização de equipamentos e infraestruturas, e às redes de transporte e mobilidade;
b) Os planos intermunicipais e municipais estabelecem, no quadro definido pelos programas e pelos planos territoriais cuja eficácia condicione o respetivo conteúdo, os parâmetros de ocupação e de utilização do solo adequados à concretização do modelo do desenvolvimento urbano adotado.

Artigo 19º – Localização e distribuição das atividades económicas
1 – As condições e os critérios de localização e a distribuição das atividades industriais, turísticas, de comércio e de serviços, são identificadas nos programas e nos planos territoriais.
2 – O programa nacional da política de ordenamento do território, os programas regionais, os programas intermunicipais e os programas setoriais definem os princípios e as diretrizes subjacentes:

a) À localização dos espaços industriais, compatibilizando a racionalidade económica com a equilibrada distribuição de usos e funções no território e com a qualidade ambiental;

b) À estratégia de localização, instalação e desenvolvimento de espaços turísticos, comerciais e de serviços, compatibilizando o equilíbrio urbano e a qualidade ambiental com a criação de oportunidades de emprego e a equilibrada distribuição de usos e funções no território.

3 – Os planos intermunicipais e municipais estabelecem, no quadro definido pelos programas e pelos planos territoriais, cuja eficácia condicione o respetivo conteúdo, as condições e os critérios e parâmetros de ocupação e de utilização do solo, para os fins relativos à localização e distribuição das atividades económicas.

Artigo 20º – Redes de transporte e mobilidade

1 – As redes rodoviária e ferroviária nacionais, as estradas regionais, os portos e aeroportos, bem como a respetiva articulação com as redes locais de transporte e mobilidade, são identificados e definidos nos programas e nos planos territoriais.

2 – Para efeitos do disposto no número anterior, as entidades responsáveis pelos vários âmbitos de intervenção devem estabelecer procedimentos de informação permanentes que garantam a coerência das opções definidas nos programas e nos planos territoriais.

Artigo 21º – Redes de infraestruturas e equipamentos coletivos

1 – As redes de infraestruturas e os equipamentos de nível fundamental que promovem a qualidade de vida, apoiam a atividade económica e asseguram a otimização do acesso à cultura, à educação, à justiça, à saúde, à segurança social, ao desporto e ao lazer, são identificadas nos programas e nos planos territoriais.

2 – Para efeitos do disposto no número anterior, os programas e os planos territoriais definem uma estratégia coerente de instalação, de conservação e de desenvolvimento das infraestruturas ou equipamentos, considerando as necessidades sociais e culturais da população e as perspetivas de evolução económicas e sociais.

SUBSECÇÃO II – Coordenação das intervenções

Artigo 22º – Princípio geral

1 – A articulação das estratégias de ordenamento territorial, determinadas pela prossecução dos interesses públicos com expressão territorial, impõe ao Estado, às entidades intermunicipais e às autarquias locais, o dever de coordenação das respetivas intervenções em matéria territorial.

2 – A elaboração, a aprovação, a alteração, a revisão, a execução e a avaliação dos programas e dos planos territoriais obriga a identificar e a ponderar, nos diversos âmbitos, os planos, os programas e os projetos, designadamente da iniciativa da Administração Pública, com incidência na área a que respeitam, considerando os que já existem e os que se encontrem em preparação, por forma a assegurar as necessárias compatibilizações.

3 – A coordenação entre entidades da Administração Pública constitui um imperativo de atuação, tendo em vista o desenvolvimento nacional, regional, sub-regional e municipal, comprometendo soluções de compatibilização expedita entre programas e planos territoriais, cuja aprovação e entrada em vigor se sucedam no tempo.

Artigo 23º – Coordenação interna

1 – As entidades responsáveis pela elaboração, aprovação, alteração, revisão, execução e avaliação dos programas e dos planos territoriais devem assegurar, nos respetivos âmbitos de intervenção, a necessária coordenação entre as diversas políticas com incidência territorial e a política de ordenamento do território e de urbanismo, mantendo uma estrutura orgânica e funcional apta a prosseguir uma efetiva articulação no exercício das várias competências.

2 – A coordenação das políticas nacionais consagradas no programa nacional da política de ordenamento do território, nos programas setoriais e nos programas especiais de ordenamento do território, incumbe ao Governo.

3 – A coordenação ao nível regional, das políticas consagradas nos programas regionais, incumbe ao Governo, através das comissões de coordenação e desenvolvimento regional.

4 – A coordenação ao nível intermunicipal, das políticas consagradas nos programas e nos planos intermunicipais, incumbe às entidades intermunicipais ou ao conjunto de municípios associados para essa finalidade.

5 – A coordenação ao nível municipal, das políticas consagradas nos planos municipais, incumbe aos municípios.

Artigo 24º – Coordenação externa

1 – A elaboração, a aprovação, a alteração, a revisão, a execução e a avaliação dos programas e dos planos territoriais requer uma adequada coordenação das políticas nacionais, regionais, intermunicipais e municipais com incidência territorial.

2 – O Estado, os municípios e as associações de municípios têm o dever de promover, de forma articulada entre si, a política de ordenamento do território, garantindo, designadamente:

a) O respeito pelas respetivas atribuições, na elaboração dos programas e dos planos territoriais nacionais, regionais, intermunicipais e municipais;

b) O cumprimento dos limites materiais impostos à intervenção dos diversos órgãos e agentes, relativamente ao procedimento de planeamento nacional, regional, intermunicipal e municipal;

c) A definição, em função das estruturas orgânicas e funcionais, de um modelo de interlocução que permita uma interação coerente em matéria de ordenamento territorial, evitando o concurso de competências.

Artigo 25º – Articulação e compatibilidade dos programas
1 – O disposto no presente decreto-lei não é aplicável ao ordenamento e à gestão do espaço marítimo nacional.

2 – Sem prejuízo do disposto no número anterior, as regras e as diretrizes dos programas setoriais e especiais que abrangem zonas marítimas devem ser integradas nos instrumentos de ordenamento do espaço marítimo.

3 – Os programas e os planos territoriais devem assegurar a respetiva compatibilidade com os instrumentos de ordenamento do espaço marítimo nacional, sempre que incidam sobre a mesma área ou sobre áreas que, pela interdependência estrutural ou funcional dos seus elementos, necessitem de uma coordenação integrada, devendo ser dada prioridade às soluções que determinem uma utilização mais sustentável do espaço.

4 – Os programas e os planos territoriais avaliam e ponderam as regras dos instrumentos de ordenamento do espaço marítimo nacional preexistentes, identificando expressamente as normas incompatíveis que devem ser revogadas ou alteradas.

CAPÍTULO II

SECÇÃO I

Artigo 26º – Relação entre os programas de âmbito nacional e regional
1 – O programa nacional da política de ordenamento do território, os programas setoriais, os programas especiais e os programas regionais traduzem um compromisso recíproco de compatibilização das respetivas opções.

2 – O programa nacional da política de ordenamento do território, os programas setoriais e os programas especiais prosseguem objetivos de interesse nacional e estabelecem os princípios e as regras que devem ser observados pelos programas regionais.

3 – A elaboração dos programas setoriais e especiais é condicionada pelas orientações definidas no programa nacional de política de ordenamento do território.

4 – Os programas regionais prosseguem os objetivos de interesse regional e respeitam o disposto nos programas territoriais de âmbito nacional.

Artigo 27º – Relações entre programas e planos territoriais
1 – Os programas regionais definem o quadro estratégico a desenvolver pelos programas e pelos planos intermunicipais e municipais.
2 – Os programas e os planos intermunicipais, bem como os planos municipais devem assegurar a programação e a concretização das políticas com incidência territorial, que, como tal, estejam assumidas pelos programas territoriais de âmbito nacional e regional.
3 – Os planos territoriais de âmbito municipal devem atender às orientações definidas nos programas intermunicipais preexistentes.
4 – A existência de um plano diretor, de um plano de urbanização ou de um plano de pormenor de âmbito intermunicipal exclui a possibilidade de existência, na respetiva área de abrangência, de planos municipais do mesmo tipo, sem prejuízo das regras relativas à dinâmica de planos territoriais.
5 – O plano diretor municipal define o quadro estratégico de desenvolvimento territorial do município, sendo o instrumento de referência para a elaboração dos demais planos municipais.
6 – Sempre que entre em vigor um programa territorial de âmbito nacional ou regional é obrigatória a alteração ou a atualização dos planos territoriais de âmbito intermunicipal e municipal, que com ele não sejam conformes ou compatíveis.

Artigo 28º – Atualização dos programas e planos territoriais
1 – Os programas estabelecem o prazo para a atualização dos planos de âmbito intermunicipal ou municipal preexistentes, após audição, respetivamente, da entidade intermunicipal ou de outra associação de municípios responsável pelo plano territorial a atualizar ou dos municípios abrangidos.
2 – Sem prejuízo do disposto no número anterior, a entidade responsável pela elaboração do programa deve dar conhecimento, à comissão de coordenação e desenvolvimento regional territorialmente competente, dos prazos estabelecidos para a atualização dos planos territoriais.
3 – A atualização dos planos territoriais, decorrente da entrada em vigor de normas legais e regulamentares, é obrigatória.
4 – A atualização dos programas e dos planos territoriais, que não implique uma decisão autónoma de planeamento, segue o procedimento previsto no artigo 121º
5 – Quando procedam à alteração de programa ou de plano territorial preexistente, os novos programas e planos territoriais indicam expressamente as disposições incompatíveis que determinam a sua alteração.

Artigo 29º – A falta de atualização de planos territoriais

1 – A não atualização do plano territorial, no prazo fixado nos termos do nº 1 do artigo anterior, determina a suspensão das normas do plano territorial, intermunicipal ou municipal que deviam ter sido alteradas, não podendo, na área abrangida, haver lugar à prática de quaisquer atos ou operações que impliquem a ocupação, uso e transformação do solo.

2 – Para efeitos do disposto no número anterior, a comissão de coordenação e desenvolvimento regional territorialmente competente deve emitir uma declaração da suspensão, a qual deve ser publicitada no *Diário da República* e na plataforma colaborativa de gestão territorial, no prazo de 10 dias a contar da data da suspensão.

3 – A suspensão prevista nos números anteriores vigora da data da publicação da declaração de suspensão até à atualização dos planos territoriais.

4 – A falta de iniciativa, por parte da entidade intermunicipal, da associação de municípios ou do município, tendente a desencadear o procedimento de atualização do plano territorial, bem como o atraso da mesma atualização por facto imputável às referidas entidades, determina a suspensão do respetivo direito de candidatura a apoios financeiros comunitários e nacionais, até à data da conclusão do processo de atualização, bem como a não celebração de contratos-programa.

5 – Para efeitos do disposto no número anterior, a comissão de coordenação e desenvolvimento regional territorialmente competente deve solicitar à entidade intermunicipal, à associação de municípios ou ao município a apresentação, no prazo de 15 dias, de documentos que comprovem a iniciativa de atualização do plano territorial e que o atraso deste procedimento não se deve a facto que seja imputável àquelas entidades.

6 – Na falta de apresentação dos documentos previstos no número anterior, a suspensão é comunicada pela comissão de coordenação e desenvolvimento regional territorialmente competente às entidades intermunicipais, às associações de municípios ou ao município, bem como às entidades gestoras de apoios financeiros nacionais e comunitários, para efeitos da aplicação do disposto no nº 4.

SECÇÃO II

SUBSECÇÃO I – Programa nacional da política de ordenamento do território

Artigo 30º – Noção

O programa nacional da política de ordenamento do território estabelece as opções estratégicas com relevância para a organização do território nacional, consubstancia o quadro de referência a considerar na elaboração dos demais programas e planos territoriais e constitui um instrumento de cooperação com os demais Estados-Membros para a organização do território da União Europeia.

Artigo 31º – Objetivos
O programa nacional da política de ordenamento do território visa:
a) Definir o quadro unitário para o desenvolvimento territorial integrado, harmonioso e sustentável do País, tendo em conta a identidade própria da sua diversidade regional e a sua inserção no espaço da União Europeia;
b) Garantir a coesão territorial do País, atenuando as assimetrias regionais e garantindo a igualdade de oportunidades;
c) Estabelecer a tradução territorial das estratégias de desenvolvimento económico e social;
d) Estabelecer as grandes opções de investimento público, com impacte territorial significativo, as suas prioridades e a respetiva programação, considerando, designadamente, as estratégias definidas para a aplicação dos fundos comunitários e nacionais;
e) Articular as políticas setoriais com incidência na organização do território;
f) Racionalizar o povoamento, a implantação de equipamentos estruturantes e a definição das redes;
g) Estabelecer os parâmetros de acesso às funções urbanas e às formas de mobilidade;
h) Definir os princípios orientadores da disciplina de ocupação do território;
i) Concretizar as políticas europeias de desenvolvimento territorial.

Artigo 32º – Conteúdo material
1 – O programa nacional da política de ordenamento do território concretiza e articula as opções definidas nos demais instrumentos estratégicos de âmbito nacional e define um modelo de organização espacial que estabelece:
a) As opções e as diretrizes relativas à conformação da política de cidades, das redes, das infraestruturas e dos equipamentos de interesse nacional, bem como à salvaguarda e à valorização das áreas de interesse nacional em termos ambientais, patrimoniais e de desenvolvimento rural;
b) Os objetivos e os princípios assumidos pelo Estado, numa perspetiva de médio e de longo prazo, quanto à localização das atividades, dos serviços e dos grandes investimentos públicos;
c) Os padrões mínimos e os objetivos a atingir em matéria de qualidade de vida e de efetivação dos direitos ambientais, económicos, sociais e culturais;
d) Os objetivos qualitativos e quantitativos a atingir em matéria de estruturas de povoamento, bem como de implantação de infraestruturas e de equipamentos estruturantes;

e) As orientações para a coordenação entre as políticas de ordenamento do território e de desenvolvimento regional, tendo em vista objetivos de equidade social e de coesão territorial;

f) Os mecanismos de articulação entre as políticas de ordenamento do território e de ambiente que assegurem as condições necessárias à concretização de uma estratégia de utilização sustentável e eficiente dos recursos naturais;

g) As medidas de coordenação dos programas setoriais com incidência territorial.

2 – O programa nacional da política de ordenamento do território pode estabelecer diretrizes aplicáveis a determinado tipo de áreas ou de temáticas, com incidência territorial, visando assegurar a igualdade de regimes e a coerência na sua observância pelos demais programas e planos territoriais.

Artigo 33º – Conteúdo documental
1 – O programa nacional da política de ordenamento do território é constituído por um relatório e um programa de ação.

2 – O relatório define cenários de desenvolvimento territorial e fundamenta as orientações estratégicas, as opções e as prioridades da intervenção político-administrativa, em matéria de ordenamento do território, sendo acompanhado por peças gráficas ilustrativas do modelo de organização espacial estabelecido.

3 – O programa de ação estabelece:

a) Os objetivos a atingir numa perspetiva de médio e de longo prazo, em consonância com as orientações estratégicas, as opções e as prioridades da intervenção político-administrativa definidas no relatório;

b) Os compromissos do Governo em matéria de medidas legislativas, de investimentos públicos ou de aplicação de outros instrumentos de natureza fiscal ou financeira, para a concretização da política de desenvolvimento territorial;

c) As propostas do Governo para a cooperação, no domínio do ordenamento do território, com as entidades intermunicipais, as associações de municípios, os municípios e as entidades privadas, incluindo o lançamento de programas de apoio específicos;

d) A definição de prioridades e de hierarquias para as ações propostas, bem como a programação temporal da sua realização;

e) A identificação dos meios de financiamento das ações propostas;

f) O quadro de referência a considerar na elaboração, na alteração ou na revisão dos demais instrumentos de gestão territorial;

g) O modelo de governação e a identificação das entidades responsáveis pela implementação das ações propostas, explicitando a necessária coordenação e articulação entre as diversas entidades;

h) Os indicadores qualitativos e quantitativos que suportem a avaliação prevista no capítulo VIII.

Artigo 34º – Elaboração
1 – A elaboração do programa nacional da política de ordenamento do território compete ao Governo, sob coordenação do membro do Governo responsável pela área do ordenamento do território.
2 – A elaboração do programa nacional da política de ordenamento do território é determinada por resolução do Conselho de Ministros, da qual devem constar nomeadamente:
a) Os princípios orientadores do programa nacional da política de ordenamento do território, bem como a metodologia definida para a compatibilização das disciplinas dos diversos instrumentos de desenvolvimento territorial e para a articulação das intervenções de âmbito nacional, regional, sub-regional e local;
b) As competências relativas à elaboração do programa nacional da política de ordenamento do território;
c) Os prazos de elaboração do programa nacional da política de ordenamento do território;
d) A constituição e o funcionamento da comissão consultiva.

Artigo 35º – Comissão consultiva do programa nacional
A elaboração do programa nacional da política de ordenamento do território é acompanhada por uma comissão consultiva, criada pela resolução do Conselho de Ministros referida no artigo anterior e composta por representantes das regiões autónomas, das autarquias locais e dos interesses ambientais, económicos, sociais e culturais relevantes.

Artigo 36º – Concertação
1 – O acompanhamento da elaboração da proposta de programa nacional de política de ordenamento do território inclui a concertação com as entidades que, no decurso dos trabalhos da comissão consultiva, formulem objeções às orientações do futuro programa.
2 – Elaborada a proposta de programa e emitidos os pareceres da comissão consultiva e da Comissão Nacional do Território, o Governo promove, nos 20 dias subsequentes à emissão destes pareceres, a realização de uma reunião de concertação com as entidades que, no âmbito das referidas comissões, tenham formal e fundamentadamente discordado das orientações da proposta de programa, tendo em vista obter uma solução concertada que permita ultrapassar as objeções formuladas.

3 – Quando o consenso não for alcançado, o Governo apresenta a versão da proposta de programa a submeter a discussão pública, optando pelas soluções que considere mais adequadas e salvaguardando a respetiva legalidade.

Artigo 37º – Participação

1 – Emitidos os pareceres da comissão consultiva e da Comissão Nacional do Território, e quando for o caso, decorrido o período adicional de concertação, o Governo procede à abertura de um período de discussão pública, através de aviso a publicar no *Diário da República* e a divulgar através da comunicação social e do seu sítio na Internet, do qual consta o período de discussão, a forma como os interessados podem apresentar as suas observações ou sugestões, as eventuais sessões públicas a que haja lugar e os locais onde se encontra disponível a proposta, o parecer da comissão consultiva, os demais pareceres emitidos e os resultados da reunião de concertação.

2 – A discussão pública consiste na recolha de observações e sugestões sobre as orientações da proposta de programa nacional da política de ordenamento do território.

3 – O período de discussão pública deve ser anunciado com a antecedência mínima de 15 dias e não deve ser inferior a 30 dias.

4 – Findo o período de discussão pública, o Governo pondera e divulga os respetivos resultados, designadamente através da comunicação social e da sua página na Internet, e elabora a versão final da proposta a apresentar à Assembleia da República.

Artigo 38º – Aprovação

1 – O programa nacional da política de ordenamento do território é aprovado pela Assembleia de República, cabendo ao Governo o desenvolvimento e a concretização do programa de ação.

2 – A lei que aprova o programa nacional da política de ordenamento do território deve:

a) Identificar as disposições dos programas de âmbito regional incompatíveis com o modelo de ocupação espacial definido pelo programa nacional de política de ordenamento do território;

b) Consagrar os prazos e as formas de atualização dos programas regionais preexistentes, ouvidas previamente as comissões de coordenação e desenvolvimento regional.

SUBSECÇÃO II – Programas setoriais e programas especiais

Artigo 39º – Programas setoriais

1 – Os programas setoriais são instrumentos programáticos ou de concretização das diversas políticas com incidência na organização do território.

2 – Para efeitos do presente decreto-lei, são considerados programas setoriais:
 a) Os programas e as estratégias de desenvolvimento, respeitantes aos diversos setores da administração central, nomeadamente nos domínios da defesa, segurança pública, prevenção e minimização de riscos, ambiente, recursos hídricos, conservação da natureza e da biodiversidade, transportes, infraestruturas, comunicações, energia e recursos geológicos, cultura, saúde, habitação, turismo, agricultura, florestas, comércio e indústria;
 b) Os regimes territoriais definidos ao abrigo de lei especial;
 c) As decisões sobre a localização de grandes empreendimentos públicos com incidência territorial.

Artigo 40º – Conteúdo material dos programas setoriais

Os programas setoriais estabelecem, nomeadamente:
 a) As opções setoriais e os objetivos a alcançar no quadro das diretrizes nacionais aplicáveis;
 b) As ações de concretização dos objetivos setoriais estabelecidos;
 c) A expressão territorial da política setorial definida;
 d) A articulação da política setorial com a disciplina consagrada nos demais programas e planos territoriais aplicáveis.

Artigo 41º – Conteúdo documental dos programas setoriais

1 – Os programas setoriais estabelecem e justificam as opções e os objetivos setoriais com incidência territorial e definem normas de execução, integrando as peças gráficas necessárias à representação da respetiva expressão territorial.

2 – Sempre que incidam sobre a mesma área ou sobre áreas que, pela interdependência estrutural ou funcional dos seus elementos, necessitem de uma coordenação integrada, os programas setoriais identificam, ainda, o instrumento de ordenamento do espaço marítimo, bem como as respetivas medidas de articulação e de coordenação.

3 – Os programas setoriais são acompanhados por um relatório do programa, que procede ao diagnóstico da situação territorial sobre a qual intervém e à fundamentação técnica das opções e dos objetivos estabelecidos.

4 – Sempre que seja exigida a avaliação ambiental nos termos do artigo 3º do Decreto-Lei nº 232/2007, de 15 de junho, alterado pelo Decreto-Lei nº 58/2011, de 4 de maio, o programa setorial é acompanhado por um relatório ambiental, no

qual são identificados, descritos e avaliados, os eventuais efeitos significativos no ambiente, resultantes da aplicação do programa, e as medidas de minimização, tendo em conta os objetivos, e o âmbito de aplicação territorial.

5 – Os programas setoriais incluem indicadores qualitativos e quantitativos que suportam a avaliação prevista no capítulo VIII.

Artigo 42º – Programas especiais

1 – Os programas especiais são elaborados pela administração central e visam a prossecução de objetivos considerados indispensáveis à tutela de interesses públicos e de recursos de relevância nacional com repercussão territorial, estabelecendo, exclusivamente, regimes de salvaguarda de recursos e valores naturais.

2 – Os programas especiais têm por objeto a orla costeira, as áreas protegidas, as albufeiras de águas públicas e os estuários.

3 – Consideram-se, ainda, programas especiais, os planos de ordenamento dos parques arqueológicos previstos na Lei nº 107/2001, de 8 de setembro, e no Decreto-Lei nº 131/2002, de 11 de maio.

Artigo 43º – Objetivos dos programas especiais

Para os efeitos previstos no presente decreto-lei, os programas especiais visam, exclusivamente:

a) A salvaguarda de objetivos de interesse nacional com incidência territorial delimitada;

b) A garantia das condições de permanência dos sistemas indispensáveis à utilização sustentável do território.

Artigo 44º – Conteúdo material dos programas especiais

1 – Os programas especiais estabelecem regimes de salvaguarda de recursos e valores naturais e o regime de gestão compatível com a utilização sustentável do território, através do estabelecimento de ações permitidas, condicionadas ou interditas, em função dos respetivos objetivos.

2 – As normas que estabelecem ações permitidas, condicionadas ou interditas, relativas à ocupação, uso e transformação do solo, devem ser integradas nos planos territoriais, nos termos do nº 5 do artigo 3º

3 – As normas de gestão das respetivas áreas abrangidas, nomeadamente, as relativas à circulação de pessoas, veículos ou animais, à prática de atividades desportivas ou a quaisquer comportamentos suscetíveis de afetar ou comprometer os recursos ou valores naturais a salvaguardar podem ser desenvolvidas em regulamento próprio, nas situações e nos termos que o programa admitir.

4 – O regulamento a que se refere o número anterior está sujeito a discussão pública e deve ser aprovado pela entidade responsável pela elaboração do pro-

grama, no prazo de 30 dias a contar da data da publicação deste, sendo publicitado no seu sítio na Internet e no dos municípios abrangidos.

5 – Sempre que incidam sobre a mesma área ou sobre áreas que, pela interdependência estrutural ou funcional dos seus elementos, necessitem de uma coordenação integrada, os programas especiais identificam, ainda, o instrumento de ordenamento do espaço marítimo, bem como as respetivas medidas de articulação e de coordenação de usos e atividades.

6 – As normas dos programas especiais que procedam à classificação ou à qualificação do uso do solo são nulas.

Artigo 45º – Conteúdo documental dos programas especiais

1 – Os programas especiais estabelecem as diretivas para a proteção e valorização de recursos e valores naturais e definem normas de execução, integrando as peças gráficas necessárias à representação da respetiva expressão territorial.

2 – Os programas especiais são acompanhados por:

a) Relatório do programa, que procede ao diagnóstico da situação territorial sobre a qual intervém e à fundamentação técnica das opções e objetivos estabelecidos;

b) Relatório ambiental no qual se identificam, descrevem e avaliam os eventuais efeitos significativos no ambiente resultantes da aplicação do programa e as alternativas razoáveis, tendo em conta os objetivos e o âmbito de aplicação territorial respetivos, salvo o disposto na alínea *g)* do nº 1 do artigo seguinte;

c) Programa de execução e plano de financiamento;

d) Indicadores qualitativos e quantitativos que suportem a avaliação prevista no capítulo VIII.

Artigo 46º – Elaboração

1 – A elaboração dos programas setoriais e especiais é determinada por despacho do membro do Governo competente em razão da matéria, em articulação com o membro do Governo responsável pela área do ordenamento do território, do qual deve constar, nomeadamente:

a) A finalidade do programa, com menção expressa dos interesses públicos prosseguidos;

b) A especificação dos objetivos a atingir;

c) A indicação da entidade, do departamento ou do serviço competente para a elaboração;

d) O âmbito territorial do programa, com menção expressa dos municípios cujos territórios são abrangidos;

e) O prazo de elaboração;

f) As exigências procedimentais ou de participação que, em função da complexidade da matéria ou dos interesses a salvaguardar, se considerem ser de adotar, para além do procedimento definido no presente decreto-lei;

g) A sujeição do programa a avaliação ambiental ou as razões que justificam a inexigibilidade desta;

h) A constituição e o funcionamento da comissão consultiva, no caso dos programas especiais.

2 – A elaboração dos programas setoriais e dos programas especiais obriga a identificar e a ponderar, os planos, os programas e os projetos da iniciativa da Administração Pública, com incidência na área a que respeitam, bem como os instrumentos de ordenamento do espaço marítimo, considerando os que já existem e os que se encontrem em preparação, por forma a assegurar as necessárias compatibilizações.

3 – O prazo de elaboração dos programas setoriais e especiais pode ser prorrogado por uma única vez, por um período máximo igual ao previamente estabelecido.

4 – O não cumprimento dos prazos estabelecidos determina a caducidade do procedimento de elaboração, devendo ser desencadeado um novo procedimento.

Artigo 47º – Avaliação ambiental

1 – A decisão a que se refere a alínea *g)* do nº 1 do artigo anterior pode ser precedida da consulta prevista no nº 3 do artigo 3º do Decreto-Lei nº 232/2007, de 15 de junho, alterado pelo Decreto-Lei nº 58/2011, de 4 de maio.

2 – Sempre que a entidade responsável pela elaboração do programa solicite pareceres, nos termos do número anterior, estes devem conter, também, a pronúncia sobre o âmbito da avaliação ambiental e sobre o alcance da informação a incluir no relatório ambiental, aplicando-se o disposto no artigo 5º do Decreto-Lei nº 232/2007, de 15 de junho, alterado pelo Decreto-Lei nº 58/2011, de 4 de maio.

3 – Os pareceres solicitados nos termos do presente artigo são emitidos no prazo de 20 dias, sob pena de não serem considerados.

Artigo 48º – Acompanhamento do programa setorial

1 – No decurso da elaboração do programa setorial, a entidade responsável pela respetiva elaboração solicita parecer à comissão de coordenação e desenvolvimento regional territorialmente competente, às entidades ou aos serviços da administração central representativas dos interesses a ponderar, bem como às entidades intermunicipais, às associações de municípios e aos municípios abrangidos, os quais devem pronunciar-se no prazo de 20 dias, findo o qual se considera nada terem a opor à proposta de programa.

2 – Na elaboração dos programas sujeitos a avaliação ambiental, caso não tenha sido promovida a consulta referida no nº 1 do artigo anterior, deve ser solicitado parecer sobre o âmbito da avaliação ambiental e sobre o alcance da informação a incluir no relatório ambiental, bem como pareceres sobre a proposta de programa e sobre o respetivo relatório ambiental, nos termos do nº 3 do artigo 7º do Decreto-Lei nº 232/2007, de 15 de junho, alterado pelo Decreto-Lei nº 58/2011, de 4 de maio, os quais devem ser emitidos no prazo de 20 dias, sob pena de não serem considerados.

3 – Quando a entidade competente para a elaboração do programa o determine, os pareceres previstos nos números anteriores são emitidos em conferência procedimental, aplicando-se com as necessárias adaptações o disposto no artigo 84º

4 – A entidade responsável pela elaboração do programa pondera os pareceres referidos nos nºs 1 e 2, ficando obrigada a um especial dever de fundamentação, sempre que seja invocada a desconformidade com disposições legais e regulamentares ou a desconformidade com programas ou planos territoriais.

5 – O acompanhamento dos programas setoriais é assegurado mediante o recurso à plataforma colaborativa de gestão territorial.

Artigo 49º – Acompanhamento e concertação dos programas especiais

1 – A elaboração técnica dos programas especiais é acompanhada por uma comissão consultiva, cuja composição deve traduzir a natureza dos interesses ambientais, económicos e sociais a salvaguardar, integrando representantes de serviços e entidades da administração direta ou indireta do Estado, das regiões autónomas, das entidades intermunicipais, das associações de municípios e dos municípios abrangidos e de outras entidades públicas cuja participação seja aconselhável no âmbito do acompanhamento da elaboração do programa.

2 – A constituição da comissão consultiva deve integrar representantes do ordenamento e gestão do espaço marítimo, bem como da administração portuária respetiva, sempre que o programa incida sobre áreas que, pela sua interdependência estrutural ou funcional dos seus elementos, necessitem de uma coordenação integrada mar-terra.

3 – Na elaboração dos programas especiais sujeitos a avaliação ambiental, caso não tenha sido promovida a consulta prevista no nº 1 do Artigo 47º, deve ser solicitado parecer sobre o âmbito da avaliação ambiental e sobre o alcance da informação a incluir no relatório ambiental, bem como pareceres sobre a proposta de programa e respetivo relatório ambiental, nos termos do nº 3 do artigo 7º do Decreto-Lei nº 232/2007, de 15 de junho, alterado pelo Decreto-Lei nº 58/2011, de 4 de maio, os quais devem ser emitidos no prazo de 20 dias, sob pena de não serem considerados.

4 – A comissão consultiva fica obrigada a um acompanhamento continuado, devendo, no final dos trabalhos de elaboração, formalizar um único parecer escrito, assinado pelos representantes das entidades envolvidas, com menção expressa da orientação defendida.

5 – O parecer final da comissão integra a apreciação da proposta de programa e do relatório ambiental.

6 – No âmbito do parecer final, a posição da comissão de coordenação e desenvolvimento regional inclui obrigatoriamente a apreciação da articulação e da coerência da proposta com os objetivos, os princípios e as regras aplicáveis ao território em causa, definidos por quaisquer outros programas e planos territoriais eficazes.

7 – À comissão consultiva dos programas especiais é aplicável o disposto no Artigo 84º, com as devidas adaptações.

8 – A entidade responsável pela elaboração do programa especial pondera o parecer da comissão consultiva, ficando obrigada a um especial dever de fundamentação, sempre que seja invocada a desconformidade com disposições legais e regulamentares, com programas ou planos territoriais ou com instrumentos de ordenamento do espaço marítimo.

9 – Elaborada a proposta de programa e emitido o parecer da comissão consultiva, a entidade responsável pelo plano promove, nos 15 dias subsequentes à emissão daquele parecer, a realização de uma reunião de concertação com as entidades que, no âmbito daquela comissão, tenham formal e fundamentadamente discordado das orientações da proposta de programa, tendo em vista obter uma solução concertada que permita ultrapassar as objeções formuladas.

10 – Quando o consenso não for alcançado, a comissão de coordenação e desenvolvimento regional submete a proposta a parecer da Comissão Nacional do Território, o qual tem caráter vinculativo para a entidade responsável pela elaboração do programa.

11 – O parecer previsto no número anterior pronuncia-se sobre os fundamentos dos pareceres desfavoráveis e deve ser proferido no prazo de 30 dias a contar da data da receção do pedido, sob pena de se considerar favorável à proposta de programa.

12 – O acompanhamento dos programas especiais é assegurado mediante o recurso à plataforma colaborativa de gestão territorial.

Artigo 50º – Participação

1 – Concluída a elaboração do programa setorial ou especial e emitidos os pareceres previstos no artigo anterior ou decorridos os prazos fixados, a entidade pública responsável pela respetiva elaboração procede à abertura de um período de discussão pública da proposta de programa, através de aviso a publicar, com a

antecedência de 5 dias, no *Diário da República* e a divulgar através da comunicação social e no respetivo sítio na Internet.

2 – Durante o período de discussão pública, que não pode ser inferior a 20 dias, a proposta de programa, os pareceres emitidos ou a ata da conferência procedimental são divulgados no sítio na Internet da entidade pública responsável pela sua elaboração e podem ser consultados na respetiva sede, bem como na sede dos municípios abrangidos.

3 – Sempre que o programa se encontre sujeito a avaliação ambiental, a entidade competente divulga o respetivo relatório ambiental, juntamente com os documentos referidos no número anterior.

4 – A discussão pública consiste na recolha de observações e de sugestões, sobre as soluções da proposta de programa.

5 – Findo o período de discussão pública, a entidade pública responsável pela elaboração do programa pondera e divulga os respetivos resultados, através da comunicação social e no respetivo sítio na Internet, e elabora a versão final da proposta de programa para aprovação.

Artigo 51º – Aprovação

1 – Os programas setoriais e os programas especiais são aprovados por resolução do Conselho de Ministros, salvo norma especial que determine a sua aprovação por decreto-lei ou decreto regulamentar.

2 – O diploma que aprova o programa deve:

a) Identificar as disposições dos programas e dos planos territoriais preexistentes incompatíveis;

b) Consagrar as formas e os prazos de atualização dos programas ou dos planos preexistentes, ouvidas as comissões de coordenação e desenvolvimento regional e a entidade intermunicipal, a associação de municípios ou os municípios abrangidos.

SECÇÃO III

Artigo 52º – Noção

1 – Os programas regionais definem a estratégia regional de desenvolvimento territorial, integrando as opções estabelecidas a nível nacional e considerando as estratégias sub-regionais e municipais de desenvolvimento local, constituindo o quadro de referência para a elaboração dos programas e dos planos intermunicipais e dos planos municipais.

2 – As competências relativas aos programas regionais são exercidas pelas comissões de coordenação e desenvolvimento regional.

3 – As comissões de coordenação e desenvolvimento regional podem propor ao Governo que o programa regional seja estruturado em unidades de planeamento correspondentes a espaços sub-regionais, designadamente os correspondentes às áreas geográficas das entidades intermunicipais, integrados na respetiva área de atuação e suscetíveis de elaboração e de aprovação faseadas.

Artigo 53º – Objetivos
O programa regional visa:
a) Desenvolver, no âmbito regional, as opções constantes do programa nacional da política de ordenamento do território, dos programas setoriais e dos programas especiais;
b) Traduzir, em termos espaciais, os grandes objetivos de desenvolvimento económico e social sustentável à escala regional;
c) Equacionar as medidas tendentes à atenuação das assimetrias de desenvolvimento intrarregionais;
d) Servir de base à formulação da estratégia nacional de ordenamento territorial e de quadro de referência para a elaboração dos programas e dos planos intermunicipais e dos planos municipais;
e) Estabelecer, a nível regional, as grandes opções de investimento público, com impacte territorial significativo, as suas prioridades e a respetiva programação, em articulação com as estratégias definidas para a aplicação dos fundos comunitários e nacionais.

Artigo 54º – Conteúdo material
Os programas regionais definem um modelo de organização do território regional, estabelecendo, nomeadamente:
a) A estrutura regional do sistema urbano, das infraestruturas e dos equipamentos de utilização coletiva de interesse regional, assegurando a salvaguarda e a valorização das áreas de interesse regional em termos económicos, agrícolas, florestais, de conservação da natureza, ambientais, paisagísticos e patrimoniais;
b) Os objetivos e os princípios assumidos a nível regional quanto à localização das atividades e dos grandes investimentos públicos, suas prioridades e programação;
c) A incidência espacial, ao nível regional, das políticas estabelecidas no programa nacional da política de ordenamento do território e nos planos, programas e estratégias setoriais preexistentes, bem como das políticas de relevância regional a desenvolver pelos planos territoriais intermunicipais e municipais abrangidos;
d) A política ambiental a nível regional, incluindo a estrutura ecológica regional de proteção e valorização ambiental, bem como a receção, ao nível regional, das políticas e das medidas estabelecidas nos programas e setoriais e especiais.

Artigo 55º – Conteúdo documental

1 – Os programas regionais são constituídos por:

a) Opções estratégicas, normas orientadoras e um conjunto de peças gráficas ilustrativas das orientações substantivas neles definidas;

b) Esquema, representando o modelo territorial proposto, com a identificação dos principais sistemas, redes e articulações de nível regional.

2 – Os programas regionais são acompanhados por um relatório do programa, que contém:

a) A avaliação das dinâmicas territoriais, incluindo a evolução do uso, transformação e ocupação do solo, as dinâmicas demográficas, a estrutura de povoamento e as perspetivas de desenvolvimento económico, social e cultural da região;

b) A definição de unidades de paisagem;

c) Os estudos relativos à caracterização da estrutura regional de proteção e valorização ambiental e patrimonial;

d) A identificação dos espaços agrícolas, florestais e pecuários com relevância para a estratégia regional de desenvolvimento rural;

e) A representação das redes de transporte e mobilidade e dos equipamentos;

f) O programa de execução, que inclui disposições indicativas sobre a realização das obras públicas a efetuar na região, a curto prazo ou a médio prazo, indicando as entidades responsáveis pela respetiva concretização;

g) A identificação das fontes e da estimativa de meios financeiros, designadamente dos programas operacionais regionais e setoriais.

3 – Os programas regionais são, ainda, acompanhados por um relatório ambiental, no qual se identificam, descrevem e avaliam os eventuais efeitos significativos no ambiente resultantes da aplicação do programa e as alternativas razoáveis, tendo em conta os objetivos e o âmbito de aplicação territorial respetivos.

4 – Os programas regionais incluem indicadores qualitativos e quantitativos que suportem a avaliação prevista no capítulo VIII.

Artigo 56º – Elaboração

A elaboração dos programas regionais compete às comissões de coordenação e desenvolvimento regional, sob coordenação do membro do Governo responsável pela área do ordenamento do território, sendo determinada por resolução do Conselho de Ministros, da qual deve constar, nomeadamente:

a) A finalidade do programa, com menção expressa dos interesses públicos prosseguidos;

b) A especificação dos objetivos a atingir;

c) O âmbito territorial do programa, com menção expressa dos municípios abrangidos;

d) O prazo de elaboração;

e) As exigências procedimentais ou de participação que, em função da complexidade da matéria ou dos interesses a salvaguardar, se considere serem de adotar para além do procedimento definido no presente decreto-lei;

f) A sujeição do programa a avaliação ambiental ou as razões que justificam a inexigibilidade desta;

g) A composição e o funcionamento da comissão consultiva.

Artigo 57º – Acompanhamento

1 – A elaboração dos programas regionais é acompanhada por uma comissão consultiva, integrada por representantes das entidades e serviços da administração direta e indireta do Estado que assegurem a prossecução dos interesses públicos relevantes, designadamente, em matéria de ordenamento do território, do ordenamento do espaço marítimo, do ambiente, conservação da natureza, energia, habitação, economia, agricultura, florestas, obras públicas, transportes, infraestruturas, comunicações, educação, saúde, segurança, defesa nacional, proteção civil, desporto, cultura, dos municípios abrangidos, bem como de representantes dos interesses ambientais, económicos, sociais e culturais.

2 – Na elaboração dos programas regionais deve ser garantida a integração, na comissão consultiva, das entidades às quais, em virtude das suas responsabilidades ambientais específicas, possam interessar os efeitos ambientais resultantes da aplicação do programa, e que exercem na comissão as competências consultivas atribuídas pelos artigos 5º e 7º do Decreto-Lei nº 232/2007, de 15 de junho, alterado pelo Decreto-Lei nº 58/2011, de 4 de maio, e acompanham a elaboração do relatório ambiental.

3 – A comissão fica obrigada a um acompanhamento continuado dos trabalhos de elaboração da proposta de programa, devendo, no final, apresentar um único parecer escrito, com menção expressa das orientações defendidas, que se pronuncie sobre o cumprimento das normas legais e regulamentares aplicáveis e, ainda, sobre a adequação e conveniência das soluções propostas.

4 – À comissão consultiva dos programas regionais é aplicável o disposto no artigo 84º com as devidas adaptações.

5 – O parecer final da comissão acompanha a proposta de programa, para efeitos de aprovação pelo Governo.

6 – O acompanhamento dos programas regionais é assegurado mediante o recurso à plataforma colaborativa de gestão territorial.

Artigo 58º – Concertação

1 – Elaborada a proposta de programa e emitido o parecer da comissão consultiva, a comissão de coordenação e desenvolvimento regional promove, nos 15

dias subsequentes à emissão daquele parecer, a realização de uma reunião de concertação com as entidades que, no âmbito da comissão consultiva, tenham formal e fundamentadamente discordado das orientações da proposta de programa, tendo em vista obter uma solução concertada que permita ultrapassar as objeções formuladas.

2 – A comissão de coordenação e desenvolvimento regional pondera os pareceres referidos no número anterior, ficando obrigada a resposta fundamentada sempre que seja invocada a desconformidade com disposições legais e regulamentares e a desconformidade com programas e planos territoriais.

3 – Quando o consenso não for alcançado, a comissão de coordenação e desenvolvimento regional submete a proposta a parecer da Comissão Nacional do Território, o qual tem caráter vinculativo.

4 – O parecer previsto no número anterior pronuncia-se sobre os fundamentos dos pareceres desfavoráveis e deve ser proferido no prazo de 30 dias a contar da data da receção do pedido, sob pena de se considerar favorável à proposta de programa.

Artigo 59º – Participação

1 – A discussão pública dos programas regionais rege-se, com as necessárias adaptações, pelas disposições relativas ao programa nacional da política de ordenamento do território.

2 – Juntamente com a proposta de programa regional é divulgado o respetivo relatório ambiental.

Artigo 60º – Aprovação

1 – Os programas regionais são aprovados por resolução do Conselho de Ministros.

2 – A resolução do Conselho de Ministros referida no número anterior deve:

a) Identificar as disposições dos programas de âmbito nacional, bem como dos programas e planos intermunicipais e dos planos municipais preexistentes incompatíveis com a estrutura regional, do sistema urbano, das redes, das infraestruturas e dos equipamentos de interesse regional e com a delimitação da estrutura regional de proteção e valorização ambiental;

b) Consagrar as formas e os prazos para a alteração dos programas e planos preexistentes, ouvidas previamente as entidades da Administração Pública responsáveis pela elaboração do programa e as entidades intermunicipais, as associações de municípios ou os municípios envolvidos.

SECÇÃO IV

SUBSECÇÃO I – Programas intermunicipais

Artigo 61º – Noção

1 – O programa intermunicipal é o instrumento que assegura a articulação entre o programa regional e os planos intermunicipais e municipais, no caso de áreas territoriais que, pela interdependência estrutural ou funcional ou pela existência de áreas homogéneas de risco, necessitem de uma ação integrada de planeamento.

2 – O programa intermunicipal é de elaboração facultativa e pode abranger uma das seguintes áreas:

a) A área geográfica que abrange a totalidade de uma entidade intermunicipal;

b) A área geográfica de dois ou mais municípios territorialmente contíguos integrados na mesma entidade intermunicipal, salvo situações excecionais, autorizadas pelo membro do Governo responsável pela área do ordenamento do território, após parecer das comissões de coordenação e desenvolvimento regional.

Artigo 62º – Objetivos

Os programas intermunicipais visam:

a) Articular a estratégia intermunicipal de desenvolvimento económico e social, de conservação da natureza e de garantia da qualidade ambiental;

b) Coordenar a incidência intermunicipal dos projetos de redes, equipamentos, infraestruturas e de distribuição das atividades industriais, turísticas, comerciais e de serviços, constantes do programa nacional da política de ordenamento do território, dos programas regionais e dos programas setoriais e especiais aplicáveis;

c) Estabelecer os objetivos, a médio e longo prazo, de racionalização do povoamento;

d) Definir os objetivos em matéria de acesso a equipamentos e a serviços públicos.

Artigo 63º – Conteúdo material

Os programas intermunicipais definem um modelo de organização do território abrangido, estabelecendo, nomeadamente:

a) As grandes opções estratégicas de organização do território e de investimento público, as suas prioridades e a respetiva programação, em articulação com as estratégias definidas nos programas de âmbitos nacional e regional e a avaliação dos impactos das estratégias de desenvolvimento adotadas

e desenvolvidas, atentas as especificidades e os recursos diferenciadores de cada território;
b) As diretrizes e as orientações para os planos territoriais de âmbito intermunicipal e municipal;
c) As orientações para as redes de infraestruturas, de equipamentos, de transportes e mobilidade e de serviços;
d) Os padrões mínimos e os objetivos a atingir em matéria de qualidade ambiental, de conservação da natureza e de valorização paisagística.

Artigo 64º – Conteúdo documental
1 – Os programas intermunicipais são constituídos por um relatório do programa e por um conjunto de peças gráficas indicativas das orientações definidas.
2 – Os programas intermunicipais podem ser acompanhados, em função dos respetivos âmbito e objetivos, por:
a) Planta de enquadramento abrangendo a área de intervenção e a área envolvente dos vários municípios integrados pelo programa;
b) Identificação dos valores culturais, naturais e paisagísticos, bem como dos espaços agrícolas e florestais a proteger;
c) Representação das redes de transporte e mobilidade e dos equipamentos públicos de interesse supramunicipal;
d) Programa de execução, contendo disposições indicativas sobre a realização das obras públicas a efetuar, bem como dos objetivos e das ações de interesse intermunicipal, indicando as entidades responsáveis pela respetiva concretização;
e) Identificação das fontes e da estimativa de meios financeiros, atendendo designadamente aos programas operacionais regionais e setoriais.
3 – Sempre que seja necessário proceder à avaliação ambiental nos termos do artigo 2º do Decreto-Lei nº 232/2007, de 15 de junho, alterado pelo Decreto-Lei nº 58/2011, de 4 de maio, os programas intermunicipais são ainda acompanhados pelo relatório ambiental, no qual se identificam, descrevem e avaliam os eventuais efeitos significativos no ambiente resultantes da aplicação do programa e as alternativas razoáveis, tendo em conta os objetivos e o âmbito de aplicação territorial respetivos.
4 – Os programas intermunicipais incluem indicadores qualitativos e quantitativos que suportem a avaliação prevista no capítulo VIII.

Artigo 65º – Elaboração
1 – A elaboração dos programas intermunicipais compete:
a) Nas situações previstas na alínea *a)* do nº 2 do artigo 61º, à comissão executiva metropolitana, nas áreas metropolitanas, e ao conselho intermunicipal, nas comunidades intermunicipais;

b) Nas situações previstas na alínea *b)* do nº 2 do artigo 61º, às câmaras municipais dos municípios associados para o efeito.

2 – A deliberação de elaboração do programa intermunicipal deve ser publicada no *Diário da República* e divulgada através da comunicação social e dos respetivos sítios na Internet, pelas entidades intermunicipais, associações de municípios e municípios envolvidos.

Artigo 66º – Avaliação ambiental

1 – A deliberação a que se refere o nº 2 do artigo anterior deve indicar se o programa está sujeito a avaliação ambiental, ou as razões que justificam a inexigibilidade desta, podendo, para o efeito, ser precedida da consulta prevista no nº 3 do artigo 3º do Decreto-Lei nº 232/2007, de 15 de junho, alterado pelo Decreto-Lei nº 58/2011, de 4 de maio.

2 – Sempre que as entidades intermunicipais, as associações de municípios ou os municípios solicitem pareceres nos termos do número anterior, esses pareceres devem conter, também, a pronúncia sobre o âmbito da avaliação ambiental e sobre o alcance da informação a incluir no relatório ambiental, aplicando-se o artigo 5º do Decreto-Lei nº 232/2007, de 15 de junho, alterado pelo Decreto-Lei nº 58/2011, de 4 de maio.

3 – Os pareceres solicitados ao abrigo do presente artigo são emitidos no prazo de 20 dias, sob pena de não serem considerados.

Artigo 67º – Acompanhamento, concertação e participação

1 – A elaboração dos programas intermunicipais é acompanhada por uma comissão consultiva, aplicando-se ao acompanhamento, à concertação e à discussão pública destes programas, as disposições relativas ao plano diretor municipal, com as necessárias adaptações.

2 – No âmbito do parecer final da comissão consultiva, a comissão de coordenação e desenvolvimento regional pronuncia-se obrigatoriamente sobre a conformidade com as disposições legais e regulamentares vigentes, a articulação e a coerência da proposta com os objetivos, os princípios e as regras aplicáveis no território em causa, definidos por quaisquer outros programas e planos territoriais eficazes.

3 – O acompanhamento dos programas intermunicipais é assegurado mediante o recurso à plataforma colaborativa de gestão territorial.

Artigo 68º – Aprovação

1 – Os programas intermunicipais são aprovados:

a) Nas situações previstas na alínea *a)* do nº 2 do artigo 61º, por deliberação do conselho metropolitano, nas áreas metropolitanas, e da assembleia intermunicipal, nas comunidades intermunicipais;

b) Nas situações previstas na alínea *b)* do nº 2 do artigo 61º, por deliberação das assembleias municipais interessadas, mediante proposta apresentada pelas respetivas câmaras municipais.

2 – A deliberação referida no número anterior deve:

a) Identificar as disposições dos planos intermunicipais ou municipais preexistentes, incompatíveis com o modelo de organização do território intermunicipal preconizado;

b) Conter as formas e os prazos de atualização dos planos intermunicipais ou municipais preexistentes, previamente acordados com as respetivas entidades intermunicipais, as associações de municípios ou os municípios envolvidos.

SUBSECÇÃO II – Planos intermunicipais e municipais

DIVISÃO I

Artigo 69º – Noção

Os planos intermunicipais e municipais são instrumentos de natureza regulamentar e estabelecem o regime de uso do solo, definindo modelos de ocupação territorial e da organização de redes e sistemas urbanos e, na escala adequada, parâmetros de aproveitamento do solo, bem como de garantia da sustentabilidade socioeconómica e financeira e da qualidade ambiental.

Artigo 70º – Regime de uso do solo

O regime de uso do solo estabelece as regras de ocupação, transformação e utilização do solo e é definido nos planos intermunicipais ou municipais, através da classificação e da qualificação do solo.

Artigo 71º – Classificação do solo

1 – A classificação do solo determina o destino básico dos terrenos, assentando na distinção fundamental entre solo urbano e solo rústico.

2 – Os planos intermunicipais ou municipais classificam o solo como urbano ou rústico, considerando como:

a) Solo urbano, o que está total ou parcialmente urbanizado ou edificado e, como tal, afeto em plano territorial à urbanização ou edificação;

b) Solo rústico, aquele que, pela sua reconhecida aptidão, se destine, nomeadamente, ao aproveitamento agrícola, pecuário, florestal, à conservação, à valorização e à exploração de recursos naturais, de recursos geológicos ou de recursos energéticos, assim como o que se destina a espaços naturais, culturais, de turismo, recreio e lazer ou à proteção de riscos, ainda que seja ocupado por infraestruturas, e aquele que não seja classificado como urbano.

Artigo 72º – Reclassificação para solo urbano

1 – A reclassificação do solo rústico para solo urbano tem caráter excecional, sendo limitada aos casos de inexistência de áreas urbanas disponíveis e comprovadamente necessárias ao desenvolvimento económico e social e à indispensabilidade de qualificação urbanística, traduzindo uma opção de planeamento sustentável em termos ambientais, patrimoniais, económicos e sociais.

2 – Nos termos do disposto no número anterior, a reclassificação do solo como urbano deve contribuir, de forma inequívoca, para o desenvolvimento sustentável do território, obrigando à fixação, por via contratual, dos encargos urbanísticos das operações, do respetivo prazo de execução e das condições de redistribuição de benefícios e encargos, considerando todos os custos urbanísticos envolvidos.

3 – A demonstração da sustentabilidade económica e financeira da transformação do solo deve integrar os seguintes elementos:

a) Demonstração da indisponibilidade de solo urbano, na área urbana existente, para a finalidade em concreto, através, designadamente, dos níveis de oferta e procura de solo urbano, com diferenciação tipológica quanto ao uso, e dos fluxos demográficos;

b) Demonstração do impacto da carga urbanística proposta, no sistema de infraestruturas existente, e a previsão dos encargos necessários ao seu reforço, à execução de novas infraestruturas e à respetiva manutenção;

c) Demonstração da viabilidade económico-financeira da proposta, incluindo a identificação dos sujeitos responsáveis pelo financiamento, a demonstração das fontes de financiamento contratualizadas e de investimento público.

4 – A reclassificação do solo processa-se através dos procedimentos de elaboração, de revisão ou de alteração de planos de pormenor com efeitos registais, acompanhado do contrato previsto no nº 2, e nos termos previstos no decreto regulamentar que estabelece os critérios uniformes de classificação e reclassificação do solo.

5 – O plano deve delimitar a área objeto de reclassificação e definir o prazo para execução das obras de urbanização e das obras de edificação, o qual deve constar expressamente da certidão do plano a emitir para efeitos de inscrição no registo predial.

6 – A reclassificação do solo que se destine exclusivamente à execução de infraestruturas e de equipamentos de utilização coletiva obedece aos critérios previstos nos nºs 1 e 3 e processa-se através de procedimentos de elaboração, de revisão ou de alteração de planos territoriais, nos quais é fixado o respetivo prazo de execução.

7 – A alteração por adaptação, do plano diretor municipal ou do plano diretor intermunicipal, só deve ser realizada findo o prazo previsto no n.º 5 e desde que executadas as operações urbanísticas previstas no plano, seguindo o procedimento referido no artigo 121.º

8 – Findo o prazo previsto para a execução do plano, a não realização das operações urbanísticas previstas determina, automaticamente, a caducidade total ou parcial da classificação do solo como urbano, sem prejuízo das faculdades urbanísticas adquiridas mediante título urbanístico, nos termos da lei.

9 – Nas situações previstas no número anterior a câmara municipal deve, no prazo de 60 dias, iniciar procedimento de alteração ou de revisão do plano, de forma a garantir a coerência do modelo territorial.

Artigo 73.º – Reclassificação para solo rústico
A reclassificação do solo urbano como rústico pode ser feita a todo o tempo.

Artigo 74.º – Qualificação do solo
1 – A qualificação do solo define, com respeito pela sua classificação, o conteúdo do seu aproveitamento, por referência às potencialidades de desenvolvimento do território, fixando os respetivos usos dominantes e, quando admissível, a edificabilidade.

2 – A qualificação do solo urbano processa-se através da integração em categorias que conferem a suscetibilidade de urbanização ou de edificação.

3 – A qualificação do solo rústico processa-se através da integração em categorias, designadamente as seguintes:
  a) Espaços agrícolas ou florestais;
  b) Espaços de exploração de recursos energéticos e geológicos;
  c) Espaços afetos a atividades industriais diretamente ligadas às utilizações referidas nas alíneas anteriores;
  d) Espaços naturais e de valor cultural e paisagístico;
  e) Espaços destinados a infraestruturas ou a outros tipos de ocupação humana, como o turismo, que não impliquem a classificação como solo urbano, designadamente permitindo usos múltiplos em atividades compatíveis com espaços agrícolas, florestais ou naturais.

4 – A definição dos usos dominantes referida no n.º 1, bem como das categorias relativas ao solo urbano e rústico, obedece a critérios uniformes, aplicáveis a todo o território nacional, a estabelecer por decreto regulamentar.

DIVISÃO II

SUBDIVISÃO I - Disposições gerais

Artigo 75º - Objetivos
Os planos municipais visam estabelecer:
a) A tradução, no âmbito local, do quadro de desenvolvimento do território estabelecido nos programas nacional e regional;
b) A expressão territorial da estratégia de desenvolvimento local;
c) A articulação das políticas setoriais com incidência local;
d) A base de uma gestão programada do território municipal;
e) A definição da estrutura ecológica para efeitos de proteção e de valorização ambiental municipal;
f) Os princípios e as regras de garantia da qualidade ambiental, da integridade paisagística e da preservação do património cultural;
g) Os princípios e os critérios subjacentes a opções de localização de infraestruturas, de equipamentos, de serviços e de funções;
h) Os critérios de localização e a distribuição das atividades industriais, de armazenagem e logística, turísticas, comerciais e de serviços, que decorrem da estratégia de desenvolvimento local;
i) Os parâmetros de uso do solo;
j) Os parâmetros de uso e fruição do espaço público;
k) Outros indicadores relevantes para a elaboração dos demais programas e planos territoriais.

Artigo 76º - Elaboração
1 - A elaboração de planos municipais é determinada por deliberação da câmara municipal, a qual estabelece os prazos de elaboração e o período de participação, sendo publicada no *Diário da República* e divulgada através da comunicação social, da plataforma colaborativa de gestão territorial e no sítio na Internet da câmara municipal.

2 - A deliberação que determina a elaboração do plano diretor municipal deve assentar na estratégia de desenvolvimento local, a qual define as orientações estratégicas da implementação e da gestão estruturada dos processos de desenvolvimento e de competitividade do município.

3 - Compete à câmara municipal a definição da oportunidade e dos termos de referência dos planos municipais, sem prejuízo da posterior intervenção de outras entidades públicas ou particulares.

4 - A elaboração de planos municipais obriga a identificar e a ponderar os programas, os planos e os projetos, com incidência na área em causa, conside-

rando os que já existam e os que se encontrem em preparação, por forma a assegurar as necessárias compatibilizações.

5 – A elaboração dos planos municipais pode decorrer em paralelo com a elaboração de programas que incidam sobre a mesma área territorial, aplicando-se com as necessárias adaptações o procedimento previsto no presente capítulo.

6 – O prazo de elaboração dos planos municipais pode ser prorrogado, por uma única vez, por um período máximo igual ao previamente estabelecido.

7 – O não cumprimento dos prazos estabelecidos determina a caducidade do procedimento.

Artigo 77º – Relatório sobre o estado do ordenamento do território

A deliberação de elaboração de planos diretores municipais deve ser acompanhada de relatório sobre o estado do ordenamento do território a nível local, nos termos do nº 3 do artigo 189º

Artigo 78º – Avaliação ambiental

1 – Os planos de urbanização e os planos de pormenor só são objeto de avaliação ambiental no caso de se determinar que são suscetíveis de ter efeitos significativos no ambiente ou nos casos em que constituam o enquadramento para a aprovação de projetos sujeitos a avaliação de impacto ambiental ou a avaliação de incidências ambientais.

2 – A qualificação dos planos de urbanização e dos planos de pormenor, para efeitos do disposto no número anterior, compete à câmara municipal, de acordo com os critérios estabelecidos no anexo ao Decreto-Lei nº 232/2007, de 15 de junho, alterado pelo Decreto-Lei nº 58/2011, de 4 de maio, podendo ser precedida de consulta das entidades às quais, em virtude das suas responsabilidades ambientais específicas, possam interessar os efeitos ambientais resultantes da aplicação do plano.

3 – Tendo sido deliberada a elaboração de plano de urbanização ou de plano de pormenor, a câmara municipal solicita parecer sobre o âmbito da avaliação ambiental e sobre o alcance da informação a incluir no relatório ambiental, nos termos do artigo 5º do Decreto-Lei nº 232/2007, de 15 de junho, alterado pelo Decreto-Lei nº 58/2011, de 4 de maio.

4 – Os pareceres emitidos ao abrigo do número anterior são emitidos no prazo de 20 dias, sob pena de não serem considerados e devem, nos casos em que se justifique, conter, também, a pronúncia sobre o âmbito da avaliação ambiental e sobre o alcance da informação a incluir no relatório ambiental.

Artigo 79º – Contratos para planeamento

1 – A elaboração, a revisão ou a alteração de planos territoriais de âmbito municipal, pode ser precedida da celebração de contratos entre os municípios

e as entidades competentes pela elaboração de programas de âmbito nacional e regional, nos quais são definidas as formas e os prazos para adequação dos planos municipais existentes, em relação a planos supervenientes, com os quais devem ser compatíveis.

2 – A câmara municipal pode obrigar-se através de contrato para planeamento, perante um ou mais interessados, a propor à assembleia municipal, a aprovação, a alteração ou a revisão de um plano de urbanização ou de um plano de pormenor.

3 – Os procedimentos de formação dos contratos para planeamento asseguram uma adequada publicitação e a realização de discussão pública.

Artigo 80º – Efeitos do contrato para planeamento

1 – Os contratos para planeamento são contratos sobre o exercício de poderes públicos, com efeitos obrigacionais entre as partes, podendo o respetivo incumprimento dar lugar a responsabilidade civil.

2 – Os contratos para planeamento não prejudicam o livre exercício dos poderes públicos municipais relativamente ao conteúdo, procedimento de elaboração, de aprovação e de execução do plano, nem a observância dos regimes legais relativos ao uso do solo e às disposições dos demais programas e planos territoriais.

Artigo 81º – Formação de contratos para planeamento

1 – Os interessados na elaboração, na revisão ou na alteração de um plano de urbanização ou de um plano de pormenor, podem propor à câmara municipal a celebração de um contrato para planeamento.

2 – A celebração do contrato para planeamento depende de deliberação da câmara municipal devidamente fundamentada, que explicite:

a) As razões que justificam, do ponto de vista do interesse local, a sua celebração;

b) A oportunidade da deliberação, tendo em conta os termos de referência do futuro plano, designadamente, a sua articulação e a sua coerência com a estratégia territorial do município e o seu enquadramento na programação constante do plano diretor municipal ou do programa ou do plano intermunicipal;

c) A eventual necessidade de alteração aos planos intermunicipais e municipais em vigor.

3 – A proposta de contrato e a deliberação referida no número anterior são objeto de discussão pública, nos termos do nº 1 do artigo 89º, pelo prazo mínimo de 10 dias.

4 – Os contratos são publicitados conjuntamente com a deliberação que determina a aprovação do plano e acompanham a proposta de plano, no decurso do período de discussão pública, nos termos do nº 1 do artigo 89º

Artigo 82º – Objetivos do acompanhamento

O acompanhamento da elaboração dos planos municipais visa:

a) Promover a respetiva conformidade ou compatibilização com os programas de âmbito regional e nacional, bem como a sua harmonização com quaisquer outros planos, programas e projetos, de interesse municipal ou intermunicipal;

b) Permitir a ponderação das diversas ações da Administração Pública suscetíveis de condicionar as soluções propostas, garantindo uma informação atualizada sobre as mesmas;

c) Promover o estabelecimento de uma adequada concertação de interesses.

Artigo 83º – Acompanhamento dos planos diretores municipais

1 – O acompanhamento da elaboração do plano diretor municipal é assegurado por uma comissão consultiva de natureza colegial, coordenada e presidida pela comissão de coordenação e desenvolvimento regional territorialmente competente.

2 – A composição da comissão consultiva deve traduzir a natureza dos principais interesses a salvaguardar, integrando os representantes de serviços e entidades da administração direta ou indireta do Estado, das Regiões Autónomas, da entidade intermunicipal e de outras entidades públicas cuja participação seja legalmente exigível.

3 – Deve ser garantida a integração, na comissão consultiva, das entidades às quais, em virtude das suas responsabilidades ambientais específicas, interessem os efeitos ambientais resultantes da aplicação do plano, e que exerçam, no âmbito daquela comissão, as competências consultivas atribuídas pelos artigos 5º e 7º do Decreto-Lei nº 232/2007, de 15 de junho, alterado pelo Decreto-Lei nº 58/2011, de 4 de maio, e acompanham a elaboração do relatório ambiental.

4 – As entidades que integram a comissão consultiva em função da natureza dos principais interesses a salvaguardar podem declarar, expressamente, não existir fundamento para a sua representação na comissão consultiva.

5 – A comissão consultiva é constituída no prazo de 15 dias, após solicitação da câmara municipal à comissão de coordenação e desenvolvimento regional.

6 – A comissão fica obrigada a um acompanhamento continuado dos trabalhos de elaboração da proposta de plano.

7 – A constituição, a composição e o funcionamento da comissão consultiva são regulados por portaria do membro do Governo responsável pela área do ordenamento do território.

8 – O acompanhamento dos planos diretores municipais é assegurado mediante o recurso à plataforma colaborativa de gestão territorial.

Artigo 84º – Representação na comissão consultiva

1 – Para efeitos do disposto no nº 1 do artigo anterior, a designação dos representantes dos serviços e entidades da administração direta ou indireta do Estado e das regiões autónomas incorpora a delegação ou subdelegação dos poderes necessários à vinculação daqueles serviços e entidades.

2 – A posição manifestada pelos representantes dos serviços e entidades da administração direta ou indireta do Estado e das regiões autónomas, na comissão consultiva, substitui os pareceres que aqueles serviços e entidades devem emitir, a qualquer título, sobre o plano, nos termos legais e regulamentares.

3 – Caso o representante de um serviço ou de uma entidade não manifeste, fundamentadamente, a sua discordância com as soluções propostas, ou, apesar de regularmente convocado, não compareça à reunião, nem o serviço ou entidade que representa manifeste a sua posição até à data da reunião, considera-se que este serviço ou esta entidade nada tem a opor à proposta de plano diretor municipal.

Artigo 85º – Parecer final

1 – Ponderadas as posições manifestadas e os interesses em presença resultantes do acompanhamento pela comissão consultiva, é proferido, no prazo de 15 dias, pela comissão de coordenação e desenvolvimento regional territorialmente competente, o parecer final, o qual traduz uma decisão global definitiva e vinculativa para toda a Administração Pública.

2 – O parecer referido no número anterior é acompanhado pela ata da comissão consultiva, contendo as posições finais das entidades nela representadas e deve pronunciar-se sobre os seguintes aspetos:

a) Cumprimento das normas legais e regulamentares aplicáveis;

b) Conformidade ou compatibilidade da proposta de plano com os programas territoriais existentes.

3 – O parecer final acompanha a proposta de plano apresentada pela câmara municipal à assembleia municipal.

4 – Para efeitos de avaliação ambiental, o parecer final integra a análise sobre o relatório ambiental.

Artigo 86º – Acompanhamento dos planos de urbanização

1 – O acompanhamento da elaboração dos planos de urbanização e dos planos de pormenor é facultativo.

2 – No decurso da elaboração dos planos, a câmara municipal solicita o acompanhamento que entender necessário, designadamente a emissão de pareceres sobre as propostas de planos ou a realização de reuniões de acompanhamento, à

comissão de coordenação e desenvolvimento regional territorialmente competente ou às demais entidades representativas dos interesses a ponderar.

3 – Sem prejuízo do disposto no número anterior, concluída a elaboração, a câmara municipal apresenta a proposta de plano e o relatório ambiental à comissão de coordenação e desenvolvimento regional territorialmente competente que, no prazo de 10 dias, remete a documentação recebida a todas as entidades representativas dos interesses a ponderar, convocando-as para uma conferência procedimental, a realizar no prazo de 20 dias a contar da data de expedição da referida documentação, aplicando-se, com as necessárias adaptações, o disposto no artigo 84º

4 – São convocadas para a conferência procedimental, as entidades às quais, em virtude das suas responsabilidades ambientais específicas, possam interessar os efeitos ambientais resultantes da aplicação do plano.

5 – O acompanhamento dos planos de urbanização e dos planos de pormenor é assegurado mediante o recurso a plataforma colaborativa de gestão territorial.

Artigo 87º – Concertação

1 – Emitido o parecer final, a câmara municipal promove, nos 20 dias subsequentes, a realização de uma reunião de concertação com as entidades que, no âmbito daquela comissão ou daquela conferência, tenham discordado expressa e fundamentadamente do futuro plano, tendo em vista obter uma solução concertada que permita ultrapassar as objeções formuladas.

2 – Quando o consenso não for alcançado, a câmara municipal elabora a versão da proposta de plano municipal a submeter a discussão pública, optando pelas soluções que considere mais adequadas e salvaguardando a respetiva legalidade.

Artigo 88º – Participação

1 – Durante a elaboração dos planos municipais, a câmara municipal deve facultar aos interessados todos os elementos relevantes, para que estes possam conhecer o estado dos trabalhos e a evolução da tramitação procedimental, bem como formular sugestões à autarquia ou à comissão consultiva.

2 – A deliberação que determina a elaboração do plano estabelece um prazo, que não deve ser inferior a 15 dias, para a formulação de sugestões e para a apresentação de informações, sobre quaisquer questões que possam ser consideradas no âmbito do respetivo procedimento de elaboração.

Artigo 89º – Discussão pública

1 – Concluído o período de acompanhamento e, quando for o caso, decorrido o período adicional de concertação, a câmara municipal procede à abertura de um período de discussão pública, através de aviso a publicar no *Diário da República*

e a divulgar através da comunicação social, da plataforma colaborativa de gestão territorial e do respetivo sítio na Internet, do qual consta o período de discussão, a forma como os interessados podem apresentar as suas reclamações, observações ou sugestões, as eventuais sessões públicas a que haja lugar e os locais onde se encontra disponível a proposta, o respetivo relatório ambiental, o parecer final, a ata da comissão consultiva, os demais pareceres emitidos e os resultados da concertação.

2 – O período de discussão pública deve ser anunciado com a antecedência mínima de cinco dias, e não pode ser inferior a 30 dias, para o plano diretor municipal, e a 20 dias, para o plano de urbanização e para o plano de pormenor.

3 – A câmara municipal pondera as reclamações, as observações, as sugestões e os pedidos de esclarecimento, apresentados pelos particulares, ficando obrigada a resposta fundamentada perante aqueles que invoquem, designadamente:

a) A desconformidade ou a incompatibilidade com programas e planos territoriais e com projetos que devem ser ponderados em fase de elaboração;

b) A desconformidade com disposições legais e regulamentares aplicáveis;

c) A lesão de direitos subjetivos.

4 – A resposta referida no número anterior é comunicada por escrito aos interessados, sem prejuízo do disposto no nº 4 do artigo 10º da Lei nº 83/95, de 31 de agosto.

5 – Sempre que necessário ou conveniente, a câmara municipal promove o esclarecimento direto dos interessados, quer através dos seus próprios técnicos, quer através do recurso a técnicos da administração direta ou indireta do Estado e das regiões autónomas.

6 – Findo o período de discussão pública, a câmara municipal pondera e divulga os resultados, designadamente, através da comunicação social, da plataforma colaborativa de gestão territorial e do respetivo sítio na Internet, e elabora a versão final da proposta de plano para aprovação.

7 – São obrigatoriamente públicas, todas as reuniões da câmara municipal e da assembleia municipal que respeitem à elaboração ou aprovação de qualquer plano municipal.

Artigo 90º – Aprovação

1 – Os planos municipais são aprovados pela assembleia municipal, mediante proposta apresentada pela câmara municipal.

2 – Quando o plano diretor municipal aprovado contiver disposições desconformes ou incompatíveis com programas setoriais, especiais ou regionais, o órgão responsável pela sua aprovação solicita a ratificação nos termos do artigo seguinte.

Artigo 91º – Ratificação

1 – A ratificação de plano diretor municipal implica a revogação ou a alteração das disposições constantes do programa setorial, especial ou regional em causa e dos respetivos elementos documentais, de modo a que traduzam a atualização da disciplina vigente.

2 – A ratificação pelo Governo de plano diretor municipal é excecional e ocorre, por solicitação do órgão responsável pela respetiva elaboração, quando no âmbito do procedimento de elaboração e aprovação tiver sido suscitada, por si ou pelos serviços ou entidades com competências consultivas, a incompatibilidade referida no número anterior.

3 – Recebida a proposta de ratificação, o membro do Governo responsável pela área do ordenamento do território solicita, à comissão de coordenação e de desenvolvimento regional territorialmente competente e à entidade competente pela elaboração do programa territorial, parecer fundamentado, a emitir no prazo de 15 dias, que inclui a identificação das disposições inerentes a cada programa, a publicar no ato de aprovação referido no número seguinte.

4 – A ratificação do plano diretor municipal pode ser total ou parcial, devendo adotar a forma prevista para a aprovação do programa setorial, especial ou regional.

Artigo 92º – Conclusão da elaboração e prazo de publicação

1 – A elaboração dos planos municipais considera-se concluída com a aprovação da respetiva proposta pela assembleia municipal, salvo quando careça de ratificação.

2 – Os procedimentos administrativos subsequentes à conclusão da elaboração dos planos municipais devem ser concretizados de modo a que, entre a respetiva aprovação e a publicação no *Diário da República,* medeiem os seguintes prazos máximos:

a) Plano diretor municipal – 60 dias;
b) Plano de urbanização – 30 dias;
c) Plano de pormenor – 30 dias.

3 – Os prazos fixados no número anterior suspendem-se nos casos previstos no nº 2 do artigo anterior.

Artigo 93º – Vigência

1 – Os planos municipais podem ter um prazo de vigência máximo previamente fixado, permanecendo, no entanto, eficazes até à entrada em vigor da respetiva revisão ou alteração.

2 – Os planos municipais devem ser obrigatoriamente revistos quando a respetiva monitorização e avaliação, consubstanciada nos relatórios de estado do

ordenamento do território, identificarem níveis de execução e uma evolução das condições ambientais, económicas, sociais e culturais que lhes estão subjacentes, suscetível de determinar uma modificação do modelo territorial definido.

Artigo 94º – Disponibilização da informação
1 – Os planos municipais são disponibilizados, com caráter de permanência e na versão atualizada, no sítio eletrónico do município a que respeitam, bem como no sítio eletrónico do Sistema Nacional de Informação Territorial (SNIT), através de ligação eletrónica a este sistema nacional.

2 – Para efeitos do número anterior, os municípios devem proceder à transcrição digital vetorial e georreferenciada das peças gráficas dos planos municipais, disponibilizando-as nos respetivos sítios eletrónicos, de acordo com modelo de dados a aprovar pela Direção-Geral do Território.

3 – As plantas e o respetivo acesso devem estar disponíveis em modelo a aprovar pela Direção-Geral do Território.

SUBDIVISÃO II – Plano diretor municipal

Artigo 95º – Objeto
1 – O plano diretor municipal é o instrumento que estabelece a estratégia de desenvolvimento territorial municipal, a política municipal de solos, de ordenamento do território e de urbanismo, o modelo territorial municipal, as opções de localização e de gestão de equipamentos de utilização coletiva e as relações de interdependência com os municípios vizinhos, integrando e articulando as orientações estabelecidas pelos programas de âmbito nacional, regional e intermunicipal.

2 – O plano diretor municipal é um instrumento de referência para a elaboração dos demais planos municipais, bem como para o desenvolvimento das intervenções setoriais da administração do Estado no território do município, em concretização do princípio da coordenação das respetivas estratégias de ordenamento territorial.

3 – O modelo territorial municipal tem por base a classificação e a qualificação do solo.

4 – O plano diretor municipal é de elaboração obrigatória, salvo nos casos em que os municípios optem pela elaboração de plano diretor intermunicipal.

Artigo 96º – Conteúdo material
1 – O plano diretor municipal define o quadro estratégico de desenvolvimento territorial do município e o correspondente modelo de organização territorial, estabelecendo nomeadamente:

a) A caracterização, ou a sua atualização, económica, social e biofísica, incluindo a identificação dos valores culturais, do sistema urbano e das redes de transportes e de equipamentos, de educação, de saúde e de segurança, bem como os sistemas de telecomunicações, de abastecimento de energia, de gás, de captação, de tratamento e abastecimento de água, de drenagem e tratamento de efluentes e de recolha, depósito e tratamento de resíduos;

b) Os objetivos de desenvolvimento económico local e as medidas de intervenção municipal no mercado de solos;

c) Os critérios de sustentabilidade a adotar, bem como os meios disponíveis e as ações propostas, que sejam necessários à proteção dos valores e dos recursos naturais, recursos hídricos, culturais, agrícolas e florestais, e a identificação da estrutura ecológica municipal;

d) A referenciação espacial dos usos e das atividades, nomeadamente através da definição das classes e das categorias de espaços;

e) A definição de estratégias e dos critérios de localização, de distribuição e de desenvolvimento das atividades industriais, turísticas, comerciais e de serviços;

f) A identificação e a qualificação do solo rústico, garantindo a adequada execução dos programas e das políticas de desenvolvimento agrícola e florestal, bem como de recursos geológicos e energéticos;

g) A identificação e a delimitação das áreas urbanas, com a definição do sistema urbano municipal e os correspondentes programas na área habitacional, bem como as condições de promoção da regeneração e da reabilitação urbanas e as condições de reconversão das áreas urbanas de génese ilegal;

h) A identificação das áreas de interesse público para efeitos de expropriação, bem como a definição das respetivas regras de gestão;

i) Os critérios para a definição das áreas de cedência e a definição das respetivas regras de gestão, assim como a cedência média para efeitos de perequação;

j) Os critérios de compensação e de redistribuição de benefícios e encargos decorrentes da gestão urbanística, a concretizar nos planos previstos para as unidades operativas de planeamento e gestão;

k) A especificação qualitativa e quantitativa dos índices, dos indicadores e dos parâmetros de referência, urbanísticos ou de ordenamento, a estabelecer em plano de urbanização e em plano de pormenor, bem como os de natureza supletiva aplicáveis na ausência destes;

l) A programação da execução das opções de ordenamento estabelecidas e a definição de unidades operativas de planeamento e gestão do plano, identificando, para cada uma destas, os respetivos objetivos e os termos de referência para a necessária elaboração de planos de urbanização e de pormenor;

m) A identificação de condicionantes de caráter permanente, designadamente reservas e zonas de proteção, bem como as necessárias à concretização dos planos de emergência de proteção civil de âmbito municipal;

n) A identificação e a delimitação das áreas com vista à salvaguarda de informação arqueológica contida no solo e no subsolo;

o) As condições de atuação sobre áreas de reabilitação urbana, situações de emergência ou de exceção, bem como sobre áreas degradadas em geral;

p) A articulação do modelo de organização municipal do território com a disciplina consagrada nos demais planos municipais aplicáveis;

q) A proteção e a salvaguarda de recursos e de valores naturais que condicionem a ocupação, uso e transformação do solo;

r) O prazo de vigência, o sistema de monitorização e as condições de revisão.

2 – Não obstante a existência dos índices, parâmetros e indicadores de natureza supletiva a que alude a alínea *k)* do número anterior, são diretamente aplicáveis às operações urbanísticas a realizar em zona urbana consolidada, como tal identificada no plano, os índices, os parâmetros e os indicadores de referência, para elaboração de plano de urbanização ou de plano de pormenor, nas seguintes condições:

a) Tenha decorrido o prazo de cinco anos sobre a data da entrada em vigor do plano diretor municipal, sem que haja sido aprovado o plano de urbanização ou o plano de pormenor;

b) Os índices e os parâmetros de referência estabelecidos no plano diretor municipal definam os usos e a altura total das edificações ou a altura das fachadas, bem como os indicadores relativos à definição da rede viária e do estacionamento.

Artigo 97º – Conteúdo documental

1 – O plano diretor municipal é constituído por:

a) Regulamento;

b) Planta de ordenamento, que representa o modelo de organização espacial do território municipal, de acordo com os sistemas estruturantes e a classificação e qualificação dos solos, as unidades operativas de planeamento e gestão definidas e, ainda, a delimitação das zonas de proteção e de salvaguarda dos recursos e valores naturais;

c) Planta de condicionantes que identifica as servidões administrativas e as restrições de utilidade pública em vigor que possam constituir limitações ou impedimentos a qualquer forma específica de aproveitamento.

2 – O plano diretor municipal é acompanhado por:

a) Relatório, que explicita a estratégia e modelo de desenvolvimento local, nomeadamente os objetivos estratégicos e as opções de base territorial adotadas para o modelo de organização espacial, bem como a respetiva fundamentação técnica, suportada na avaliação das condições ambientais, económicas, sociais e culturais para a sua execução;

b) Relatório ambiental, no qual se identificam, descrevem e avaliam os eventuais efeitos significativos no ambiente resultantes da aplicação do plano e as alternativas razoáveis, tendo em conta os objetivos e o âmbito de aplicação territorial respetivos;

c) Programa de execução, contendo, designadamente, as disposições sobre a execução das intervenções prioritárias do Estado e do município, previstas a curto e médio prazo, e o enquadramento das intervenções do Estado e as intervenções municipais previstas a longo prazo;

d) Plano de financiamento e fundamentação da sustentabilidade económica e financeira.

3 – O plano diretor municipal é, ainda, acompanhado pelos seguintes elementos complementares:

a) Planta de enquadramento regional, elaborada a escala inferior à do plano diretor municipal, com indicação dos centros urbanos mais importantes, principais vias de comunicação, infraestruturas relevantes e grandes equipamentos que sirvam o município e indicação dos demais programas e planos territoriais em vigor para a área do município;

b) Planta da situação existente com a ocupação do solo à data da deliberação que determina a elaboração do plano;

c) Planta e relatório com a indicação dos alvarás de licença e dos títulos de comunicação prévia de operações urbanísticas emitidos, bem como das informações prévias favoráveis em vigor ou declaração comprovativa da inexistência dos referidos compromissos urbanísticos na área do plano;

d) Mapa de ruído;

e) Participações recebidas em sede de discussão pública e respetivo relatório de ponderação;

f) Ficha dos dados estatísticos em modelo a disponibilizar pela Direção-Geral do Território.

4 – O plano diretor municipal inclui indicadores qualitativos e quantitativos que suportem a avaliação prevista no capítulo VIII.

SUBDIVISÃO III – Plano de urbanização

Artigo 98º – Objeto

1 – O plano de urbanização desenvolve e concretiza o plano diretor municipal e estrutura a ocupação do solo e o seu aproveitamento, fornecendo o quadro de

referência para a aplicação das políticas urbanas e definindo a localização das infraestruturas e dos equipamentos coletivos principais.

2 – O plano de urbanização pode abranger:

a) Qualquer área do território do município incluída em perímetro urbano por plano diretor municipal eficaz e, ainda, os solos rústicos complementares de um ou mais perímetros urbanos, que se revelem necessários para estabelecer uma intervenção integrada de planeamento;

b) Outras áreas do território municipal que possam ser destinadas a usos e a funções urbanas, designadamente à localização de instalações ou parques industriais, logísticos ou de serviços ou à localização de empreendimentos turísticos e equipamentos e infraestruturas associados.

3 – Nas sedes de concelho e nas áreas urbanas com mais de 25.000 mil habitantes, o regime do uso do solo deve ser previsto, preferencialmente, em plano de urbanização municipal.

Artigo 99º – Conteúdo material

O plano de urbanização adota o conteúdo material apropriado às condições da área territorial a que respeita, aos objetivos das políticas urbanas e às transformações previstas nos termos de referência e na deliberação municipal que determinou a sua elaboração, dispondo nomeadamente, sobre:

a) A definição e a caracterização da área de intervenção, identificando e delimitando os valores culturais e naturais a proteger e a informação arqueológica contida no solo e subsolo;

b) A conceção geral da organização urbana, a partir da qualificação do solo, definindo a rede viária estruturante, a localização de equipamentos de uso e interesse coletivo, a estrutura ecológica, bem como o sistema urbano de circulação, de transporte público e privado e de estacionamento;

c) A definição do zonamento para localização das diversas funções urbanas, designadamente habitacionais, comerciais, turísticas, de serviços, industriais e de gestão de resíduos, bem como a identificação das áreas a recuperar, a regenerar ou a reconverter;

d) A adequação do perímetro urbano definido no plano diretor municipal ou no plano diretor intermunicipal, em função do zonamento e da conceção geral da organização urbana definidos, incluindo, nomeadamente, o traçado e o dimensionamento das redes de infraestruturas gerais que estruturam o território, fixando os respetivos espaços-canal, os critérios de localização e de inserção urbanística e o dimensionamento dos equipamentos de utilização coletiva;

e) As condições de aplicação dos instrumentos da política de solos e de política urbana previstos na lei, em particular os que respeitam à reabilitação e regeneração urbanas de áreas urbanas degradadas;

f) Os indicadores e os parâmetros urbanísticos aplicáveis a cada uma das categorias e subcategorias de espaços;

g) A delimitação e os objetivos das unidades ou subunidades operativas de planeamento e gestão, a estruturação das ações de compensação e redistribuição de benefícios e encargos e a identificação dos sistemas de execução do plano.

Artigo 100º – Conteúdo documental

1 – O plano de urbanização é constituído por:

a) Regulamento;

b) Planta de zonamento, que representa a estrutura territorial e o regime de uso do solo da área a que respeita;

c) Planta de condicionantes, que identifica as servidões administrativas e as restrições de utilidade pública em vigor que possam constituir limitações ou impedimentos a qualquer forma específica de aproveitamento.

2 – O plano de urbanização é acompanhado por:

a) Relatório, que explicita os objetivos estratégicos do plano e a respetiva fundamentação técnica, suportada na avaliação das condições ambientais, económicas, sociais e culturais para a sua execução;

b) Relatório ambiental, no qual se identificam, descrevem e avaliam os eventuais efeitos significativos no ambiente que possam decorrer da aplicação do plano e as alternativas razoáveis, tendo em conta os objetivos e o âmbito de aplicação territorial respetivos;

c) Programa de execução, contendo, designadamente, disposições indicativas sobre a execução das intervenções municipais previstas;

d) Modelo de redistribuição de benefícios e encargos;

e) Plano de financiamento e fundamentação da sua sustentabilidade económica e financeira.

3 – O plano de urbanização é, ainda, acompanhado pelos seguintes elementos complementares:

a) Planta de enquadramento, elaborada a escala inferior à do plano de urbanização, com indicação das principais vias de comunicação, outras infraestruturas relevantes e grandes equipamentos, bem como outros elementos considerados pertinentes;

b) Planta da situação existente, com a ocupação do solo à data da deliberação que determina a elaboração do plano;

c) Planta e relatório, com a indicação dos alvarás de licença e dos títulos de comunicação prévia de operações urbanísticas emitidos, bem como das informações prévias favoráveis em vigor ou declaração comprovativa da inexistência dos referidos compromissos urbanísticos na área do plano;

d) Plantas de identificação do traçado de infraestruturas viárias, de abastecimento de água, de saneamento, de energia elétrica, de recolha de resíduos de gás e de condutas destinadas à instalação de infraestruturas de telecomunicações e demais infraestruturas relevantes existentes e previstas na área do plano;

e) Mapa de ruído, nos termos do nº 1 do artigo 7º do Regulamento Geral do Ruído;

f) Participações recebidas em sede de discussão pública e respetivo relatório de ponderação;

g) Ficha dos dados estatísticos, em modelo a disponibilizar pela Direção-Geral do Território.

4 – O conteúdo documental do plano de urbanização é adaptado ao seu conteúdo material.

5 – O plano de urbanização inclui indicadores qualitativos e quantitativos que suportem a avaliação prevista no capítulo VIII.

SUBDIVISÃO IV – Plano de pormenor

Artigo 101º – Objeto

1 – O plano de pormenor desenvolve e concretiza em detalhe as propostas de ocupação de qualquer área do território municipal, estabelecendo regras sobre a implantação das infraestruturas e o desenho dos espaços de utilização coletiva, a implantação, a volumetria e as regras para a edificação e a disciplina da sua integração na paisagem, a localização e a inserção urbanística dos equipamentos de utilização coletiva e a organização espacial das demais atividades de interesse geral.

2 – O plano de pormenor abrange áreas contínuas do território municipal, que podem corresponder a uma unidade ou subunidade operativa de planeamento e gestão ou a parte delas.

Artigo 102º – Conteúdo material

1 – O plano de pormenor adota o conteúdo material apropriado às condições da área territorial a que respeita, aos objetivos e aos fundamentos técnicos previstos nos termos de referência e na deliberação municipal que determinou a sua elaboração, estabelecendo, nomeadamente:

a) A definição e a caracterização da área de intervenção, identificando e delimitando os valores culturais e a informação arqueológica contida no solo e no subsolo, os valores paisagísticos e naturais a proteger, bem como todas as infraestruturas relevantes para o seu desenvolvimento;

b) As operações de transformação fundiária preconizadas e a definição das regras relativas às obras de urbanização;

c) O desenho urbano, exprimindo a definição dos espaços públicos, incluindo os espaços de circulação viária e pedonal e de estacionamento, bem como o respetivo tratamento, a localização de equipamentos e zonas verdes, os alinhamentos, as implantações, a modelação do terreno e a distribuição volumétrica;
d) A distribuição de funções, conjugações de utilizações de áreas de construção e a definição de parâmetros urbanísticos, designadamente, densidade máxima de fogos, número de pisos e altura total das edificações ou altura das fachadas;
e) As operações de demolição, conservação e reabilitação das construções existentes;
f) As regras para a ocupação e para a gestão dos espaços públicos;
g) A implantação das redes de infraestruturas, com delimitação objetiva das áreas que lhe são afetas;
h) Regulamentação da edificação, incluindo os critérios de inserção urbanística e o dimensionamento dos equipamentos de utilização coletiva, bem como a respetiva localização no caso dos equipamentos públicos;
i) A identificação dos sistemas de execução do plano, do respetivo prazo e da programação dos investimentos públicos associados, bem como a sua articulação com os investimentos privados;
j) A estruturação das ações de compensação e de redistribuição de benefícios e encargos.
2 – O plano de pormenor relativo a área não abrangida por plano de urbanização, incluindo as intervenções em solo rústico, procede à prévia explicitação do zonamento, dos fundamentos e dos efeitos da alteração do zonamento, com base na disciplina consagrada no plano diretor municipal ou plano diretor intermunicipal.

Artigo 103º – Modalidades específicas

1 – O plano de pormenor pode adotar modalidades específicas com conteúdo material adaptado a finalidades particulares de intervenção.
2 – São modalidades específicas de plano de pormenor:
a) O plano de intervenção no espaço rústico;
b) O plano de pormenor de reabilitação urbana;
c) O plano de pormenor de salvaguarda.

Artigo 104º – Plano de intervenção no espaço rústico

1 – O plano de intervenção no espaço rústico abrange o solo rústico e estabelece as regras relativas a:
a) Construção de novas edificações e a reconstrução, alteração, ampliação ou demolição das edificações existentes, quando tal se revele necessário ao exercício das atividades autorizadas no solo rústico;

b) Implantação de novas infraestruturas de circulação de veículos, de animais e de pessoas, e de novos equipamentos, públicos ou privados, de utilização coletiva, e a remodelação, ampliação ou alteração dos existentes;

c) Criação ou beneficiação de espaços de utilização coletiva, públicos ou privados, e respetivos acessos e áreas de estacionamento;

d) Criação de condições para a prestação de serviços complementares das atividades autorizadas no solo rústico;

e) Operações de proteção, valorização e requalificação da paisagem natural e cultural.

2 – O plano de intervenção no espaço rústico não pode promover a reclassificação do solo rústico em urbano.

Artigo 105º – Plano de pormenor de reabilitação urbana

1 – O plano de pormenor de reabilitação urbana abrange solo urbano correspondente à totalidade ou a parte de:

a) Centro histórico delimitado em plano diretor ou plano de urbanização eficaz;

b) Área de reabilitação urbana constituída nos termos da lei.

2 – O conteúdo e as finalidades do plano de pormenor de reabilitação urbana são definidos no regime jurídico da reabilitação urbana.

Artigo 106º – Plano de pormenor de salvaguarda

O conteúdo e as finalidades do plano de pormenor de salvaguarda são definidos nos termos previstos na lei de bases do património cultural e demais legislação complementar.

Artigo 107º – Conteúdo documental

1 – O plano de pormenor é constituído por:

a) Regulamento;

b) Planta de implantação, que estabelece, designadamente, o desenho urbano e as parcelas, os alinhamentos e o polígono base para a implantação de edificações, a altura total das edificações ou a altura das fachadas, o número de pisos, o número máximo de fogos, a área de construção e respetivos usos, a demolição e manutenção ou reabilitação das edificações existentes e a natureza e localização dos equipamentos, dos espaços verdes e de outros espaços de utilização coletiva;

c) Planta de condicionantes, que identifica as servidões administrativas e as restrições de utilidade pública em vigor, que possam constituir limitações ou impedimentos a qualquer forma específica de aproveitamento.

2 – O plano de pormenor é acompanhado por:

a) Relatório, contendo a fundamentação técnica das soluções propostas no plano, suportada na identificação e caracterização objetiva dos recursos territoriais da sua área de intervenção e na avaliação das condições ambientais, económicas, sociais, e culturais para a sua execução;

b) Relatório ambiental, sempre que seja necessário proceder à avaliação ambiental, no qual se identificam, descrevem e avaliam os eventuais efeitos significativos no ambiente resultantes da aplicação do plano e as alternativas razoáveis, tendo em conta os objetivos e o âmbito de aplicação territorial respetivos;

c) Peças escritas e desenhadas que suportem as operações de transformação fundiária previstas, nomeadamente para efeitos de registo predial e de elaboração ou conservação do cadastro geométrico da propriedade rústica ou do cadastro predial;

d) Programa de execução das ações previstas;

e) Modelo de redistribuição de benefícios e encargos;

f) Plano de financiamento e fundamentação da sustentabilidade económica e financeira.

3 – Para efeitos de registo predial e, quando aplicável, para a execução ou conservação do cadastro geométrico da propriedade rústica ou do cadastro predial, as peças escritas e desenhadas previstas na alínea *c)* do número anterior consistem em:

a) Planta cadastral ou ficha cadastral original, quando existente;

b) Quadro com a identificação dos prédios, natureza, descrição predial, inscrição matricial, áreas e confrontações;

c) Planta da operação de transformação fundiária, com a identificação dos novos prédios e dos bens de domínio público;

d) Quadro com a identificação dos novos prédios ou fichas individuais, com a indicação da respetiva área, da área destinada à implantação dos edifícios e das construções anexas, da área de construção, da volumetria, da altura total da edificação ou da altura da fachada e do número de pisos acima e abaixo da cota de soleira para cada um dos edifícios, do número máximo de fogos e da utilização de edifícios e fogos;

e) Planta com as áreas de cedência para o domínio municipal;

f) Quadro com a descrição das parcelas a ceder, sua finalidade e área de implantação, bem como das áreas de construção e implantação dos equipamentos de utilização coletiva;

g) Quadro de transformação fundiária, explicitando a relação entre os prédios originários e os prédios resultantes da operação de transformação fundiária.

4 – O plano de pormenor é, ainda, acompanhado pelos seguintes elementos complementares:

a) Planta de localização, contendo o enquadramento do plano no território municipal envolvente, com indicação das principais vias de comunicação e demais infraestruturas relevantes, da estrutura ecológica e dos grandes equipamentos, existentes e previstos na área do plano e demais elementos considerados relevantes;

b) Planta da situação existente, com a ocupação do solo e a topografia à data da deliberação que determina a elaboração do plano;

c) Planta ou relatório, com a indicação dos alvarás de licença e dos títulos de comunicação prévia de operações urbanísticas emitidos, bem como das informações prévias favoráveis em vigor ou declaração comprovativa da inexistência dos referidos compromissos urbanísticos na área do plano;

d) Plantas contendo os elementos técnicos definidores da modelação do terreno, cotas mestras, volumetrias, perfis longitudinais e transversais dos arruamentos e traçados das infraestruturas;

e) Relatório sobre recolha de dados acústicos ou mapa de ruído, nos termos do nº 2 do artigo 7º do Regulamento Geral do Ruído;

f) Participações recebidas em sede de discussão pública e respetivo relatório de ponderação;

g) Ficha dos dados estatísticos, em modelo a disponibilizar pela Direção-Geral do Território.

5 – O conteúdo documental do plano de pormenor é adaptado, de forma fundamentada, ao seu conteúdo material.

6 – Nas modalidades específicas de plano de pormenor previstas no nº 2 do artigo 103º, o conteúdo documental do plano é ajustado, de forma fundamentada, devendo ser garantida a correta fundamentação técnica e caracterização urbanística, face à especificidade do conteúdo de cada plano.

7 – O plano de pormenor inclui indicadores qualitativos e quantitativos que suportem a avaliação prevista no capítulo VIII.

Artigo 108º – Efeitos registais

1 – A certidão do plano de pormenor que contenha as menções constantes das alíneas *a)* a *d)*, *g)* a *i)* do nº 1 do artigo 102º, e que seja acompanhada das peças escritas e desenhadas enunciadas no nº 3 do artigo anterior, constitui título bastante para a individualização no registo predial dos prédios resultantes das operações de transformação fundiária previstas no plano.

2 – O registo previsto no número anterior incide apenas sobre as inscrições prediais em que o requerente surja como titular.

3 – Nas situações de reestruturação da compropriedade ou de reparcelamento, o registo referido no nº 1 depende da apresentação, respetivamente, do

acordo de reestruturação da compropriedade ou do contrato previsto no nº 2 do artigo 165º

4 – O acordo e os contratos referidos no número anterior são oponíveis ao proprietário ou ao comproprietário que tenha inscrito o seu direito após a data da respetiva celebração.

5 – É dispensada a menção do sujeito passivo nas aquisições por reestruturação da compropriedade ou por reparcelamento.

6 – As parcelas de terreno cedidas ao município integram-se no domínio municipal no ato de individualização no registo predial dos lotes respetivos e estão sujeitas a cadastro predial.

7 – Nas situações previstas no presente artigo não é aplicável o disposto no nº 1 do artigo 49º do regime jurídico da urbanização e da edificação.

Artigo 109º – Taxas e obras de urbanização

1 – Sempre que outra solução não resulte do plano de pormenor, a emissão da certidão referida no nº 1 do artigo anterior depende do prévio pagamento:

a) Da taxa pela realização, manutenção e reforço de infraestruturas, sem prejuízo do disposto no artigo no nº 3 do artigo 175º;

b) Das compensações em numerário devidas nos termos do nº 4 do artigo 44º do regime jurídico da urbanização e da edificação.

2 – A certidão do plano de pormenor identifica a forma e o montante da caução de boa execução das obras de urbanização referentes às parcelas a individualizar, nos termos do artigo anterior.

3 – Na falta de indicação e fixação de caução nos termos do número anterior, a caução é prestada por primeira hipoteca legal sobre as parcelas a individualizar, calculada de acordo com a respetiva comparticipação nos custos de urbanização.

4 – Cada prédio responde apenas pela parte do montante da garantia que lhe cabe nos termos da parte final do número anterior, sendo lícito ao seu titular requerer a substituição da hipoteca legal por outro meio de caução admissível, valendo a deliberação camarária de aceitação, como título bastante para cancelamento da inscrição da hipoteca legal.

DIVISÃO III

Artigo 110º – Regime geral

1 – Os planos intermunicipais são instrumentos de natureza regulamentar que prosseguem os objetivos previstos no artigo 75º relativamente ao território de dois ou mais municípios vizinhos.

2 – Aos planos intermunicipais aplicam-se as disposições relativas aos planos municipais correspondentes com as necessárias adaptações, sem prejuízo do disposto nos artigos seguintes.

3 – Nas áreas metropolitanas, quando promovido por todos os municípios que as integram, o plano diretor intermunicipal tem a designação de plano metropolitano de ordenamento do território.

Artigo 111º – Elaboração

1 – A elaboração dos planos intermunicipais compete a uma comissão constituída para o efeito, cuja composição é definida conjuntamente pelas câmaras municipais dos municípios associados para a elaboração do plano, sem prejuízo do número seguinte.

2 – Quando promovido por todos os municípios que integram uma entidade intermunicipal, a elaboração do plano intermunicipal compete à comissão executiva metropolitana, nas áreas metropolitanas, e ao conselho intermunicipal, nas comunidades intermunicipais.

3 – A elaboração dos planos intermunicipais pode decorrer em paralelo com a elaboração de programas que incidam sobre a mesma área territorial, aplicando-se com as necessárias adaptações o previsto no presente capítulo.

Artigo 112º – Aprovação

1 – Os planos intermunicipais são aprovados por deliberação das assembleias municipais abrangidas, mediante proposta conjunta, apresentada pelas respetivas câmaras municipais, sem prejuízo do número seguinte.

2 – Quando promovido por todos os municípios que integram uma entidade intermunicipal, o plano intermunicipal é aprovado por deliberação do conselho metropolitano ou da assembleia intermunicipal, mediante proposta apresentada pela comissão executiva metropolitana ou pelo conselho intermunicipal.

3 – As deliberações referidas no número anterior devem:

a) Identificar as disposições dos programas e dos planos intermunicipais ou municipais preexistentes, incompatíveis com o modelo de organização do território intermunicipal preconizado;

b) Consagrar os prazos de atualização dos programas e dos planos intermunicipais e dos planos municipais preexistentes, previamente acordados com as entidades intermunicipais, associações de municípios ou municípios envolvidos.

4 – Quando o plano diretor intermunicipal aprovado contiver disposições incompatíveis com programas setoriais, especiais ou regionais preexistentes, as entidades responsáveis pela sua aprovação solicitam, com as necessárias adaptações, a ratificação nos termos do artigo 91º

5 – As câmaras municipais de dois ou mais municípios vizinhos ou o conselho intermunicipal podem celebrar contratos para planeamento relativos a planos de urbanização e a planos de pormenor intermunicipais.

Artigo 113º – Planos diretores intermunicipais
1 – O plano diretor intermunicipal estabelece, de modo coordenado, a estratégia de desenvolvimento territorial intermunicipal, o modelo territorial intermunicipal, as opções de localização e de gestão de equipamentos de utilização pública locais e as relações de interdependência entre dois ou mais municípios territorialmente contíguos.
2 – O plano diretor intermunicipal é um instrumento de referência para a elaboração dos demais planos intermunicipais e municipais, bem como para o desenvolvimento das intervenções setoriais da administração, em concretização do princípio da coordenação das respetivas estratégias de ordenamento territorial.
3 – O plano diretor intermunicipal define a classificação e a qualificação do solo que servem de base à definição do modelo de organização espacial dos territórios municipais abrangidos.
4 – O plano diretor intermunicipal substitui o plano diretor municipal, para efeitos de definição da disciplina territorial aplicável aos municípios abrangidos.

Artigo 114º – Planos de urbanização e de pormenor intermunicipais
Aos planos de urbanização e de pormenor intermunicipais são aplicáveis, com as necessárias adaptações, as regras previstas para os planos de urbanização e de pormenor municipais.

SECÇÃO V

Artigo 115º – Disposições gerais
1 – Os programas e os planos territoriais podem ser objeto de alteração, de correção material, de revisão, de suspensão e de revogação.
2 – A alteração dos programas e dos planos territoriais incide sobre o normativo e ou parte da respetiva área de intervenção e decorre:
a) Da evolução das condições ambientais, económicas, sociais e culturais subjacentes e que fundamentam as opções definidas no programa ou no plano;
b) Da incompatibilidade ou da desconformidade com outros programas e planos territoriais aprovados ou ratificados;
c) Da entrada em vigor de leis ou regulamentos que colidam com as respetivas disposições ou que estabeleçam servidões administrativas ou restrições de utilidade pública que afetem as mesmas.

3 – A revisão dos programas e dos planos territoriais implica a reconsideração e a reapreciação global, com caráter estrutural ou essencial, das opções estratégicas do programa ou do plano, dos princípios e dos objetivos do modelo territorial definido ou dos regimes de salvaguarda e de valorização dos recursos e valores territoriais.

4 – A suspensão dos programas e dos planos territoriais pode decorrer da verificação de circunstâncias excecionais que se repercutam no ordenamento do território, pondo em causa a prossecução de interesses públicos relevantes.

Artigo 116º – Alteração dos programas de âmbito nacional e regional

1 – O programa nacional de política de ordenamento do território, os programas setoriais, especiais e regionais, são alterados sempre que a evolução das perspetivas de desenvolvimento económico e social o determine.

2 – Os programas de âmbito nacional e regional são alterados sempre que entrem em vigor novos programas, de âmbito nacional ou regional, que com eles não sejam compatíveis.

3 – Os programas de âmbito nacional e regional são alterados por força de posterior ratificação e publicação de planos municipais ou intermunicipais.

Artigo 117º – Alteração dos programas intermunicipais

Os programas intermunicipais são alterados sempre que a evolução das perspetivas de desenvolvimento económico e social o determine e sempre que entrem em vigor novos programas nacionais ou regionais, que com eles não sejam compatíveis.

Artigo 118º – Alteração dos planos intermunicipais e municipais

Os planos intermunicipais e municipais são alterados em função da evolução das condições ambientais, económicas, sociais e culturais que lhes estão subjacentes ou sempre que essa alteração seja necessária, em resultado da entrada em vigor de novas leis ou regulamentos.

Artigo 119º – Procedimento

1 – As alterações aos programas e planos territoriais seguem, com as devidas adaptações, os procedimentos previstos no presente decreto-lei para a sua elaboração, aprovação, ratificação e publicação, com exceção do disposto nos números e artigos seguintes.

2 – As alterações ao plano diretor intermunicipal e ao plano diretor municipal são objeto de acompanhamento, nos termos do disposto no artigo 86º, com as devidas adaptações.

3 – A revisão dos programas e dos planos territoriais segue, com as devidas adaptações, os procedimentos estabelecidos no presente decreto-lei para a sua elaboração, acompanhamento, aprovação, ratificação e publicação.

Artigo 120º – Avaliação ambiental
1 – As pequenas alterações aos programas e aos planos territoriais só são objeto de avaliação ambiental no caso de se determinar que são suscetíveis de ter efeitos significativos no ambiente.
2 – A qualificação das alterações para efeitos do número anterior compete à entidade responsável pela elaboração do plano ou do programa, de acordo com os critérios estabelecidos no anexo ao Decreto-Lei nº 232/2007, de 15 de junho, alterado pelo Decreto-Lei nº 58/2011, de 4 de maio, podendo ser precedida de consulta às entidades às quais, em virtude das suas responsabilidades ambientais específicas, possam interessar os efeitos ambientais resultantes da aplicação do plano.
3 – Sempre que seja solicitado parecer nos termos do número anterior, esse parecer deve, nos casos em que se justifique, conter também a pronúncia sobre o âmbito da avaliação ambiental e sobre o alcance da informação a incluir no relatório ambiental.
4 – Os pareceres solicitados ao abrigo do presente artigo são emitidos no prazo de 20 dias, sob pena de não serem considerados.

Artigo 121º – Alteração por adaptação
1 – A alteração por adaptação dos programas e dos planos territoriais decorre:
a) Da entrada em vigor de leis ou regulamentos;
b) Da entrada em vigor de outros programas e planos territoriais com que devam ser compatíveis ou conformes;
c) Do disposto no nº 7 do artigo 72º
2 – A alteração por adaptação dos programas e dos planos territoriais não pode envolver uma decisão autónoma de planeamento e limita-se a transpor o conteúdo do ato legislativo ou regulamentar ou do programa ou plano territorial que determinou a alteração.
3 – A alteração por adaptação dos programas ou de planos territoriais depende de mera declaração da entidade responsável pela elaboração do plano, a qual deve ser emitida, no prazo de 60 dias, através da alteração dos elementos que integram ou acompanham o instrumento de gestão territorial a alterar, na parte ou partes relevantes, aplicando-se o disposto no capítulo IX.
4 – A declaração referida no número anterior é transmitida previamente ao órgão competente pela aprovação do programa ou plano, quando este seja diferente do órgão responsável pela respetiva elaboração, sendo depois transmitida

à comissão de coordenação e desenvolvimento regional territorialmente competente e remetida para publicação e depósito, nos termos previstos no presente decreto-lei.

Artigo 122º – Correções materiais

1 – As correções materiais dos programas e dos planos territoriais são admissíveis para efeitos de:

a) Acertos de cartografia, determinados por incorreções de cadastro, de transposição de escalas, de definição de limites físicos identificáveis no terreno, bem como por discrepâncias entre plantas de condicionantes e plantas de ordenamento;

b) Correções de erros materiais ou omissões, patentes e manifestos, na representação cartográfica ou no regulamento;

c) Correções do regulamento ou das plantas, determinadas por incongruência destas peças entre si;

d) Correção de lapsos gramaticais, ortográficos, de cálculo ou de natureza análoga; ou

e) Correção de erros materiais provenientes de divergências entre o ato original e o ato efetivamente publicado na 1ª série do *Diário da República*.

2 – As correções materiais podem ser efetuadas a todo o tempo, por comunicação da entidade responsável pela elaboração dos programas ou dos planos, e são publicadas na mesma série do *Diário da República* em que foi publicado o programa ou plano objeto de correção.

3 – A comunicação referida no número anterior é transmitida previamente ao órgão competente para a aprovação do programa ou do plano, quando este seja diferente do órgão responsável pela respetiva elaboração, sendo depois transmitida à comissão de coordenação e desenvolvimento regional territorialmente competente e remetida para publicação e depósito, nos termos previstos no presente decreto-lei.

Artigo 123º – Alteração simplificada

1 – Estão sujeitas a um regime procedimental simplificado, as alterações de planos intermunicipais e municipais que resultem da necessidade de redefinição do uso do solo, determinada pela cessação de servidões administrativas e de restrições de utilidade pública ou pela desafetação de bens imóveis do domínio público ou dos fins de utilidade pública a que se encontravam adstritos, designadamente os do domínio privado indisponível do Estado.

2 – A integração a que se refere o número anterior é feita por analogia, através da aplicação das normas do plano que são aplicáveis às parcelas confinantes e com as quais, a parcela em causa tenha condições para constituir uma unidade harmoniosa.

3 – A deliberação da câmara municipal, da comissão executiva metropolitana, do conselho intermunicipal ou das câmaras municipais associadas para o efeito, que determina o início do procedimento de alteração simplificada, nos termos do presente artigo, é tomada no prazo de 60 dias a contar da data da verificação da desafetação e deve conter a proposta integradora, nos termos do disposto no número anterior.

4 – A câmara municipal, a comissão executiva metropolitana, o conselho intermunicipal ou as câmaras municipais associadas para o efeito procedem à publicitação e à divulgação da proposta, estabelecendo um prazo, que não deve ser inferior a 10 dias, para a apresentação de reclamações, observações ou sugestões.

5 – Findo o prazo previsto no número anterior e ponderadas as participações, a câmara, a comissão executiva metropolitana, o conselho intermunicipal ou as câmaras municipais associadas para o efeito, reformulam os elementos do plano na parte afetada.

6 – As alterações dos planos intermunicipais e municipais referidas no presente artigo, dependem de parecer não vinculativo da comissão de coordenação e desenvolvimento regional, quanto à conformidade com as disposições legais e regulamentares vigentes e à compatibilidade ou conformidade com os programas e os planos territoriais eficazes, o qual deve ser proferido no prazo de 10 dias a contar da data do envio da proposta.

7 – As alterações simplificadas são aprovadas pela assembleia municipal, pelo conselho metropolitano, pela assembleia intermunicipal ou pelas assembleias municipais dos municípios associados para o efeito, consoante os casos, mediante proposta do executivo, aplicando-se o disposto no capítulo VIII.

Artigo 124º – Revisão dos programas e planos territoriais

1 – A revisão dos programas regionais decorre da necessidade de adequação das opções estratégicas que determinaram a sua elaboração, tendo em conta o relatório sobre o estado do ordenamento do território, previsto no nº 2 do artigo 189º

2 – A revisão dos planos intermunicipais e municipais decorre:

a) Da necessidade de adequação à evolução, a médio e longo prazo, das condições ambientais, económicas, sociais e culturais, que determinaram a respetiva elaboração, tendo em conta os relatórios sobre o estado do ordenamento do território previsto no nº 3 do artigo 189º;

b) De situações de suspensão do plano e da necessidade da sua adequação à prossecução dos interesses públicos que a determinaram.

3 – A revisão prevista na alínea *a)* do número anterior só pode ocorrer decorridos três anos desde a entrada em vigor do plano.

4 – O disposto nos nºs 2 e 3 é aplicável aos programas setoriais e especiais, com as necessárias adaptações.

5 – A revisão do programa nacional de política de ordenamento do território decorre do resultado da avaliação do programa de ação.

Artigo 125º – Suspensão dos programas de âmbito nacional e regional
1 – A suspensão, total e parcial, dos programas de âmbito nacional e regional ocorre quando se verifiquem circunstâncias excecionais resultantes de alteração significativa das perspetivas de desenvolvimento económico-social incompatíveis com a concretização das opções estabelecidas no programa, ouvidas as câmaras municipais e as entidades intermunicipais abrangidas, as entidades públicas responsáveis pela elaboração do programa setorial ou do programa especial e a comissão de coordenação e desenvolvimento regional territorialmente competente, consoante os casos.

2 – A suspensão do programa referida no número anterior deve obedecer à forma adotada para a aprovação.

3 – O ato que determina a suspensão deve conter a fundamentação, o prazo e a incidência territorial da suspensão, bem como indicar expressamente as disposições suspensas.

Artigo 126º – Suspensão dos planos intermunicipais e municipais
1 – A suspensão, total ou parcial, de planos intermunicipais e municipais é determinada:

a) Por resolução do Conselho de Ministros, em casos excecionais de reconhecido interesse nacional ou regional, ouvidas as câmaras municipais e as entidades intermunicipais abrangidas;

b) No caso de suspensão de planos municipais, por deliberação da assembleia municipal, sob proposta da câmara municipal, quando se verifiquem circunstâncias excecionais resultantes de alteração significativa das perspetivas de desenvolvimento económico e social local ou de situações de fragilidade ambiental incompatíveis com a concretização das opções estabelecidas no plano;

c) No caso de suspensão de planos intermunicipais, por deliberação da conselho metropolitano, da assembleia intermunicipal ou das assembleias municipais, mediante proposta, respetivamente, da comissão executiva metropolitana, do conselho intermunicipal e das câmaras municipais, quando se trate de municípios associados para o efeito.

2 – A resolução do Conselho de Ministros e as deliberações referidas no número anterior devem conter a fundamentação, o prazo e a incidência territorial da suspensão, bem como indicar expressamente as disposições suspensas.

3 – A proposta de suspensão, apresentada nos termos das alíneas *b)* e *c)* do n.º 1 do presente artigo, é objeto de parecer da comissão de coordenação e desenvolvimento regional territorialmente competente, o qual incide apenas sobre a sua conformidade com as disposições legais e regulamentares aplicáveis.

4 – O parecer referido no número anterior é emitido no prazo improrrogável de 20 dias, podendo a comissão de coordenação e desenvolvimento regional territorialmente competente proceder à realização de uma conferência procedimental com entidades representativas dos interesses a ponderar, de acordo com o disposto no artigo 84.º, com as necessárias adaptações.

5 – A não emissão de parecer no prazo referido no número anterior equivale à emissão de parecer favorável.

6 – O parecer da comissão de coordenação e desenvolvimento regional territorialmente competente, quando emitido, acompanha a proposta de suspensão de plano municipal ou intermunicipal a submeter à aprovação do órgão competente.

7 – A suspensão prevista nas alíneas *b)* e *c)* do n.º 1 implica obrigatoriamente o estabelecimento de medidas preventivas e a abertura de procedimento de elaboração, revisão ou alteração de plano intermunicipal ou municipal para a área em causa, em conformidade com a deliberação tomada, o qual deve estar concluído no prazo em que vigorem as medidas preventivas.

Artigo 127.º – Revogação

1 – Os programas e os planos territoriais podem ser objeto de revogação sempre que a avaliação da evolução das condições ambientais, económicas, sociais e culturais assim o determine.

2 – A revogação de plano territorial intermunicipal, por decisão de um dos municípios associados, implica a revogação parcial e a respetiva revisão do plano, sem prejuízo de eventuais obrigações contratuais assumidas.

3 – A revogação dos programas e dos planos territoriais segue, com as devidas adaptações, os procedimentos estabelecidos no presente decreto-lei para a sua aprovação e publicação.

4 – Sem prejuízo do disposto nos números anteriores, a revogação dos planos diretores municipais e intermunicipais só produz efeitos com a entrada em vigor de nova regulamentação para a mesma área.

CAPÍTULO III

Artigo 128.º – Princípio geral

1 – A compatibilidade ou a conformidade entre os diversos programas e planos territoriais é condição da respetiva validade.

2 – Os programas e os planos territoriais são obrigados a aplicar os conceitos técnicos e as definições nos domínios do ordenamento do território e do urbanismo fixados por decreto regulamentar, não sendo admissíveis outros conceitos, designações, definições ou abreviaturas para o mesmo conteúdo e finalidade.

Artigo 129º – Invalidade dos planos e programas
1 – São nulas as normas de programas e de planos que violem qualquer programa ou plano territorial com o qual devessem ser compatíveis ou conformes.
2 – São, ainda, nulos os programas e os planos territoriais aprovados em violação de instrumentos de ordenamento do espaço marítimo, sempre que não tenham sido previstas as necessárias medidas de compatibilização, de acordo com o disposto no artigo 25º
3 – Salvo menção expressa em contrário, acompanhada da necessária comunicação do dever de indemnizar, a declaração de nulidade não prejudica os efeitos dos atos administrativos entretanto praticados com base no plano.

Artigo 130º – Invalidade dos atos
1 – São nulos os atos praticados em violação de qualquer plano de âmbito intermunicipal ou municipal aplicável.
2 – Aos atos nulos previstos no número anterior é aplicável o disposto nos artigos 68º e 69º do regime jurídico de urbanização e edificação.

Artigo 131º – Fiscalização e inspeção
1 – A fiscalização do cumprimento das normas previstas nos planos territoriais intermunicipais e municipais compete às câmaras municipais territorialmente competentes, sem prejuízo das competências atribuídas por lei a outras entidades.
2 – A fiscalização das normas que decorrem dos regulamentos previstos no nº 3 do artigo 44º cabe às entidades que, nos termos da lei, são competentes em matéria de proteção e salvaguarda de recursos e valores naturais.
3 – A fiscalização prevista nos números anteriores pode ser sistemática, no cumprimento geral do dever de vigilância atribuído às entidades, ou pontual, em função das queixas e denúncias recebidas.
4 – A realização de ações de inspeção para verificação do cumprimento do disposto no presente decreto-lei, no que respeita aos interesses de âmbito nacional ou regional, como tal previstos nos programas e nos planos territoriais, compete à inspeção-geral da agricultura, do mar, do ambiente e do ordenamento do território.
5 – As contraordenações pela violação de disposições de plano intermunicipal ou de plano municipal ou de medidas cautelares são desenvolvidas e reguladas em diploma próprio.

Artigo 132º – Embargo e demolição

1 – Sem prejuízo da coima aplicável e das atribuições de outras entidades nos termos legais, pode ser determinado o embargo de trabalhos ou a demolição de obras nos seguintes casos:

a) Pelo presidente da câmara municipal, quando violem plano intermunicipal ou plano municipal;

b) Pelo inspetor-geral da agricultura, do mar, do ambiente e do ordenamento do território ou do presidente da comissão de coordenação e desenvolvimento regional territorialmente competente, quando esteja em causa a prossecução de objetivos de interesse nacional ou regional, respetivamente;

2 – As despesas com a demolição correm por conta do dono das obras a demolir e, sempre que não forem pagas voluntariamente no prazo de 20 dias a contar da notificação para o efeito, são cobradas coercivamente, servindo de título executivo certidão passada pelos serviços competentes, da qual conste, além dos demais requisitos exigidos, a identificação do dono das obras e o montante em dívida.

3 – As ordens de embargo e de demolição são objeto de registo na conservatória de registo predial competente, mediante comunicação do presidente da câmara municipal ou da comissão de coordenação e desenvolvimento regional, procedendo-se oficiosamente aos necessários averbamentos.

Artigo 133º – Desobediência

O prosseguimento dos trabalhos embargados nos termos do artigo anterior constitui crime de desobediência nos termos do disposto na alínea *b)* do nº 1 do artigo 348º do Código Penal.

CAPÍTULO IV

Artigo 134º – Medidas preventivas

1 – Em área para a qual tenha sido decidida a elaboração, a alteração ou a revisão de um plano de âmbito intermunicipal ou municipal podem ser estabelecidas medidas preventivas destinadas a evitar a alteração das circunstâncias e das condições de facto existentes que possa limitar a liberdade de planeamento ou comprometer ou tornar mais onerosa a execução do programa ou plano de âmbito intermunicipal ou municipal.

2 – O estabelecimento de medidas preventivas nos termos do número anterior determina a suspensão da eficácia do plano na área abrangida por aquelas medidas e, ainda, quando assim seja determinado no ato que as adote, a suspensão dos demais programas e planos territoriais em vigor na mesma área.

3 – Em área para a qual tenha sido decidida a suspensão de plano municipal ou intermunicipal, são estabelecidas medidas preventivas nos termos do nº 7 do artigo 126º

4 – As medidas preventivas podem consistir na proibição, na limitação ou na sujeição a parecer vinculativo das seguintes ações:

a) Operações de loteamento e obras de urbanização, de construção, de ampliação, de alteração e de reconstrução, com exceção das que sejam isentas de controlo administrativo prévio;

b) Trabalhos de remodelação de terrenos;

c) Obras de demolição de edificações existentes, exceto as que, por regulamento municipal, possam ser dispensadas de controlo administrativo prévio;

d) Derrube de árvores em maciço ou destruição do solo vivo e do coberto vegetal.

5 – Ficam excluídas do âmbito de aplicação das medidas preventivas, as ações validamente autorizadas antes da sua entrada em vigor, bem como aquelas em relação às quais exista já informação prévia favorável ou aprovação do projeto de arquitetura válidas.

6 – Em casos excecionais, quando a ação em causa prejudique de forma grave e irreversível a finalidade do plano, a disposição do número anterior pode ser afastada, sem prejuízo do direito de indemnização a que houver lugar.

7 – Quando as medidas preventivas envolvam a sujeição a parecer vinculativo, o órgão competente para o seu estabelecimento determina quais as entidades a consultar.

8 – Para salvaguardar situações excecionais de reconhecido interesse nacional ou regional, nomeadamente a execução de empreendimentos de relevante interesse público, situações de calamidade pública ou outras situações de risco, bem como para garantir a elaboração, alteração ou revisão de programas especiais, o Governo pode estabelecer medidas preventivas, sendo aplicável as disposições previstas nos números anteriores.

Artigo 135º – Normas provisórias

1 – Quando ponderados todos os interesses públicos em presença, a imposição de proibições e limitações a que se refere o artigo anterior se revele desadequada ou excessiva, podem ser adotadas normas provisórias que definam de forma positiva o regime transitoriamente aplicável a uma determinada área do território.

2 – A adoção de normas provisórias depende da verificação cumulativa das seguintes condições:

a) Existência de opções de planeamento suficientemente densificadas e documentadas no âmbito do procedimento de elaboração, revisão ou alteração do plano territorial em causa;

b) Necessidade de tais medidas para a salvaguarda de interesses públicos inerentes à elaboração, revisão ou alteração do plano em causa.

Artigo 136º – Natureza jurídica
As medidas preventivas e as normas provisórias têm a natureza de regulamentos administrativos.

Artigo 137º – Competências
1 – No caso de plano municipal compete à assembleia municipal aprovar as medidas preventivas e as normas provisórias, sob proposta da câmara municipal.
2 – No caso de programa ou plano intermunicipal compete ao conselho metropolitano ou à assembleia intermunicipal ou às assembleias municipais dos municípios associados aprovar as medidas preventivas e as normas provisórias, mediante proposta, respetivamente, da comissão executiva metropolitana, do conselho metropolitano ou das câmaras municipais dos municípios associados.
3 – Nos casos previstos no nº 8 do artigo 134º, as medidas preventivas são aprovadas por resolução do Conselho de Ministros, salvo norma especial que determine a sua aprovação por decreto-lei ou decreto regulamentar.

Artigo 138º – Procedimento
1 – A proposta de medidas preventivas relativas a planos municipais ou intermunicipais é objeto de parecer da comissão de coordenação e desenvolvimento regional territorialmente competente.
2 – Nos casos em que as medidas preventivas são estabelecidas como consequência da suspensão de planos intermunicipais ou de planos municipais, a comissão de coordenação e desenvolvimento regional territorialmente competente emite um único parecer.
3 – Ao parecer referido nos números anteriores aplica-se o disposto nos nºs 4, 5 e 6 do artigo 126º, com as devidas adaptações.
4 – Na elaboração de medidas preventivas a entidade competente está dispensada de dar cumprimento aos trâmites da audiência dos interessados ou de discussão pública.
5 – A adoção de normas provisórias é precedida de pareceres das entidades que se devam pronunciar em função da matéria e de discussão pública, nos termos aplicáveis ao plano territorial intermunicipal ou municipal a que respeitam.
6 – A deliberação municipal ou intermunicipal de adoção de medidas preventivas ou normas provisórias, bem como a deliberação relativa à prorrogação das mesmas estão sujeitas a publicação.

Artigo 139º – Limite material das medidas cautelares

1 – O estabelecimento de medidas preventivas ou de normas provisórias deve ser limitado aos casos em que fundadamente se preveja ou receie que os prejuízos resultantes da possível alteração das características do local sejam socialmente mais gravosas do que os inerentes à adoção daquelas.

2 – O estabelecimento de medidas preventivas ou de normas provisórias deve demonstrar a respetiva necessidade, bem como esclarecer as vantagens e os inconvenientes de ordem económica, técnica, social e ambiental decorrentes da sua adoção.

3 – Quando o estado dos trabalhos de elaboração ou de revisão dos planos o permita, deve a entidade competente para a aprovação de medidas preventivas ou de normas provisórias cautelares precisar quais são as disposições do futuro plano cuja execução ficaria comprometida na ausência daquelas medidas.

Artigo 140º – Âmbito territorial das medidas preventivas

1 – A área sujeita às medidas preventivas e às normas provisórias deve ter a extensão que se mostre adequada à satisfação dos fins a que se destina.

2 – A entidade competente para a aprovação de medidas preventivas ou de normas provisórias procede à delimitação da área a abranger, devendo os limites dessa área, quando não possam coincidir, no todo ou em parte, com as divisões administrativas, ser definidos, sempre que possível, pela referência a elementos físicos facilmente identificáveis, designadamente vias públicas e linhas de água.

Artigo 141º – Âmbito temporal das medidas preventivas

1 – O prazo de vigência das medidas preventivas e das normas provisórias deve ser fixado no ato que as estabelecer, não podendo ser superior a dois anos, prorrogável por mais um, quando tal se mostre necessário.

2 – Na falta de fixação do prazo de vigência, as medidas preventivas e as normas provisórias vigoram pelo prazo de um ano, prorrogável por seis meses.

3 – As medidas preventivas e as normas provisórias deixam de vigorar quando:

a) Forem revogadas;

b) Decorrer o prazo fixado para a sua vigência;

c) Entrar em vigor o plano que motivou a sua adoção;

d) A entidade competente abandonar a intenção de elaborar o plano que as originou;

e) Cessar o interesse na salvaguarda das situações excecionais de reconhecido interesse público, determinando a sua caducidade.

4 – As medidas preventivas devem ser total ou parcialmente revogadas quando, com o decorrer dos trabalhos de elaboração ou de revisão do plano, se revelem desnecessárias.

5 – Uma área só pode voltar a ser abrangida por medidas preventivas ou normas provisórias depois de decorridos quatro anos sobre a caducidade das anteriores, salvo casos excecionais, devidamente fundamentados.

6 – Os planos intermunicipais e municipais que façam caducar medidas preventivas e normas provisórias devem referi-lo expressamente.

7 – A prorrogação das medidas preventivas e das normas provisórias segue o procedimento previsto no presente decreto-lei para o seu estabelecimento, devendo o parecer da comissão de coordenação e desenvolvimento regional territorialmente competente ser emitido no prazo de 10 dias, sob pena de não ser considerado.

Artigo 142º – Dever de indemnização

A adoção de medidas preventivas e de normas provisórias pode dar lugar a indemnização quando destas resulte sacrifício de direitos preexistentes e juridicamente consolidados, sendo aplicável o disposto no artigo 171º

Artigo 143º – Invalidade do licenciamento ou comunicação prévia

São nulos os atos administrativos que decidam pedidos de licenciamento ou admitam comunicações prévias, com inobservância das proibições ou limitações decorrentes do estabelecimento de medidas preventivas e de normas provisórias, que violem os pareceres vinculativos emitidos ou que tenham sido praticados sem prévia solicitação dos pareceres vinculativos devidos.

Artigo 144º – Embargo e demolição

1 – As obras e os trabalhos efetuados com inobservância das proibições, condicionantes ou pareceres vinculativos decorrentes das medidas preventivas e das normas provisórias, ainda que licenciados ou objeto de comunicação prévia, podem ser embargados ou demolidos ou, sendo o caso, pode ser ordenada a reposição da configuração do terreno e da recuperação do coberto vegetal, segundo projeto a aprovar pelas entidades referidas no número seguinte.

2 – A competência para ordenar o embargo, a demolição, a reposição da configuração do terreno ou a recuperação do coberto vegetal, referidos no número anterior, pertence ao presidente da câmara municipal ou, quando se trate de medidas preventivas estabelecidas pelo Governo, ao membro do Governo responsável pela área do ordenamento do território.

3 – O embargo ou a demolição de obras e trabalhos não prejudica o dever de indemnização, nos termos do artigo 142º

Artigo 145º – Suspensão de procedimentos

1 – Nas áreas a abranger por novas regras urbanísticas constantes de plano intermunicipal ou plano municipal ou da sua revisão, os procedimentos de informação prévia, de comunicação prévia e de licenciamento ficam suspensos, a partir da data fixada para o início do período de discussão pública e até à data da entrada em vigor daqueles planos.

2 – Cessando a suspensão do procedimento nos termos do número anterior, este é decidido de acordo com as novas regras urbanísticas em vigor.

3 – Caso as novas regras urbanísticas não entrem em vigor no prazo de 180 dias desde a data do início da respetiva discussão pública, cessa a suspensão do procedimento, devendo neste caso prosseguir a apreciação do pedido até à decisão final de acordo com as regras urbanísticas em vigor à data da sua prática.

4 – Não se suspende o procedimento nos termos do presente artigo, quando o pedido seja feito ao abrigo de normas provisórias ou tenha por objeto obras de reconstrução ou de alteração em edificações existentes, desde que tais obras não originem ou agravem desconformidade com as normas em vigor ou tenham como resultado a melhoria das condições de segurança e de salubridade da edificação.

5 – Quando haja lugar à suspensão do procedimento nos termos do presente artigo, os interessados podem apresentar novo requerimento com referência às regras do plano colocado à discussão pública, mas a respetiva decisão final fica condicionada à entrada em vigor das regras urbanísticas que conformam a pretensão.

6 – Caso a versão final do plano aprovado implique alterações ao projeto a que se refere o número anterior, os interessados podem, querendo, reformular a sua pretensão, dispondo de idêntica possibilidade aqueles que não tenham feito uso da faculdade prevista no mesmo número.

CAPÍTULO V

SECÇÃO I

Artigo 146º – Princípio geral

1 – O município promove a execução coordenada e programada do planeamento territorial, com a colaboração das entidades públicas e privadas, procedendo à realização das infraestruturas e dos equipamentos de acordo com o interesse público, os objetivos e as prioridades estabelecidas nos planos intermunicipais e municipais, recorrendo aos meios previstos na lei.

2 – A coordenação e a execução programada dos planos intermunicipais ou municipais determinam para os particulares o dever de concretizarem e de ade-

quarem as suas pretensões aos objetivos e às prioridades neles estabelecidas e nos respetivos instrumentos de programação.

3 – A execução dos sistemas gerais de infraestruturas e de equipamentos públicos municipais e intermunicipais determina para os particulares o dever de participar no seu financiamento.

4 – Os planos territoriais integram orientações para a sua execução, a inscrever nos planos de atividades e nos orçamentos, que contêm, designadamente:

a) A identificação e a programação das intervenções consideradas estratégicas ou estruturantes, por prioridades, a explicitação dos objetivos e a descrição e estimativa dos custos individuais e da globalidade das ações previstas no plano, e os respetivos prazos de execução;

b) A ponderação da viabilidade jurídico-fundiária e da sustentabilidade económico-financeira das respetivas propostas;

c) A definição dos meios, dos sujeitos responsáveis pelo financiamento da execução e dos demais agentes a envolver;

d) A estimativa da capacidade de investimento público relativa às propostas do plano territorial em questão, a médio e a longo prazo, tendo em conta os custos da sua execução.

Artigo 147º – Sistemas de execução

1 – Os planos territoriais são executados através dos sistemas de iniciativa dos interessados, de cooperação e de imposição administrativa.

2 – A execução dos planos através dos sistemas referidos no número anterior desenvolve-se no âmbito de unidades de execução, delimitadas pela câmara municipal, por iniciativa própria ou a requerimento dos proprietários interessados.

3 – Os planos podem ser executados fora de sistema de execução quando se verifique uma das seguintes situações:

a) A execução do plano territorial de âmbito intermunicipal ou municipal, ou de parte de um plano, possa ser realizada por meio de operações urbanísticas, em zonas urbanas consolidadas, tal como definidas no regime jurídico da urbanização e da edificação;

b) A delimitação de unidades de execução se revelar impossível ou desnecessária, à luz dos objetivos delineados pelo próprio plano.

Artigo 148º – Delimitação das unidades de execução

1 – A delimitação de unidades de execução consiste na fixação em planta cadastral dos limites físicos da área a sujeitar a intervenção urbanística, acompanhada da identificação de todos os prédios abrangidos.

2 – As unidades de execução devem ser delimitadas de modo a assegurar um desenvolvimento urbano harmonioso e a justa repartição de benefícios e encargos pelos proprietários abrangidos, devendo integrar as áreas a afetar a espaços públicos, a infraestruturas ou a equipamentos previstos nos programas e nos planos territoriais.

3 – As unidades de execução podem corresponder a uma unidade operativa de planeamento e gestão, à área abrangida por plano de urbanização ou por plano de pormenor ou a parte desta.

4 – Na falta de plano de urbanização ou de plano de pormenor aplicável à área abrangida pela unidade de execução, deve a câmara municipal promover, previamente à aprovação, um período de discussão pública, em termos análogos aos previstos para o plano de pormenor.

Artigo 149º – Sistema de iniciativa dos interessados
1 – No sistema de iniciativa dos interessados, a execução dos planos de âmbito municipal e intermunicipal deve ser promovida pelos proprietários ou pelos titulares de outros direitos reais relativos a prédios abrangidos no plano, ficando estes obrigados a prestar ao município a compensação devida de acordo com as regras estabelecidas nos planos ou em regulamento municipal.

2 – Os direitos e as obrigações dos participantes na unidade de execução são definidos por contrato de urbanização.

3 – De acordo com os critérios estabelecidos na lei e nos planos, cabe aos particulares proceder à redistribuição dos benefícios e encargos resultantes da execução do instrumento de planeamento entre todos os proprietários e titulares de direitos inerentes à propriedade abrangidos pela unidade de execução, na proporção do valor previamente atribuído aos seus direitos.

4 – A valorização prévia a que se refere o número anterior refere-se à situação anterior à data da entrada em vigor do plano, sendo, na falta de acordo global entre os intervenientes, estabelecida nos termos aplicáveis ao processo de expropriação litigiosa, com as necessárias adaptações.

5 – Nos títulos emitidos no âmbito do procedimento de controlo prévio administrativo menciona-se a compensação prestada ou que esta não é devida.

6 – É proibida a transmissão em vida ou o registo com base em título de operação urbanística que não contenha alguma das menções a que se refere o número anterior.

Artigo 150º – Sistema de cooperação
1 – No sistema de cooperação, a iniciativa de execução do plano pertence ao município, com a cooperação dos particulares interessados, atuando coordenada-

mente, de acordo com a programação estabelecida pela câmara municipal e nos termos do adequado instrumento contratual.

2 – Os direitos e as obrigações das partes são definidos por contrato de urbanização, que pode assumir as seguintes modalidades:

a) Contrato de urbanização, entre os proprietários e ou os promotores da intervenção urbanística, na sequência da iniciativa municipal;

b) Contrato de urbanização entre o município, os proprietários e ou os promotores da intervenção urbanística e, eventualmente, outras entidades interessadas na execução do plano.

Artigo 151º – Sistema de imposição administrativa

1 – No sistema de imposição administrativa, a iniciativa de execução do plano pertence ao município, que atua diretamente ou mediante concessão de urbanização.

2 – A concessão só pode ter lugar precedendo concurso público, devendo o respetivo caderno de encargos especificar as obrigações mínimas do concedente e do concessionário ou os respetivos parâmetros, a concretizar nas propostas.

3 – Na execução do plano, o concessionário exerce, em nome próprio, os poderes de intervenção do concedente.

4 – O processo de formação do contrato e a respetiva formalização e efeitos regem-se pelas disposições aplicáveis às concessões de obras públicas pelo município, com as necessárias adaptações.

Artigo 152º – Fundo de compensação

1 – Cada unidade de execução pode estar associada a um fundo de compensação com os seguintes objetivos:

a) Liquidar as compensações devidas pelos particulares e respetivos adicionais;

b) Cobrar e depositar em instituição bancária as quantias liquidadas;

c) Liquidar e pagar as compensações devidas a terceiros.

2 – O fundo de compensação é gerido pela câmara municipal com a participação dos interessados nos termos a definir em regulamento municipal.

SECÇÃO II

Artigo 153º – Domínio do Estado e políticas públicas de solo

1 – O Estado, as regiões autónomas e as autarquias locais podem adquirir ou alienar bens imóveis para prossecução de finalidades de política pública de solo.

2 – Sem prejuízo de outras finalidades previstas na lei, os bens imóveis do domínio privado do Estado, das regiões autónomas e das autarquias locais podem ser afetos à prossecução de finalidades de política pública de solo, com vista, nomeadamente, à:

a) Regulação do mercado do solo, tendo em vista a prevenção da especulação fundiária e a regulação do respetivo valor;

b) Aplicação dos princípios supletivos aplicáveis aos mecanismos de redistribuição de benefícios e encargos;

c) Localização de infraestruturas, de equipamentos e de espaços verdes e outros espaços de utilização coletiva;

d) Realização de intervenções públicas ou de iniciativa pública, nos domínios da proteção civil, da agricultura, das florestas, da conservação da natureza, da habitação social e da reabilitação e regeneração urbanas;

e) Execução programada dos planos territoriais.

3 – A cessação de restrições de utilidade pública ou de servidões administrativas de utilidade pública e a desafetação de imóveis do domínio público ou dos fins de utilidade pública a que se encontravam adstritos, designadamente os do domínio privado indisponível do Estado, mesmo que integrem o património de institutos públicos ou de empresas públicas, têm como efeito a caducidade do regime de uso do solo para eles especificamente previsto nos planos territoriais, caso estes não tenham estabelecido o regime de uso do solo aplicável em tal situação.

4 – Sempre que ocorra a caducidade do regime de uso do solo, nos termos do número anterior, deve ser redefinido o uso do solo, mediante a elaboração de plano territorial ou a sua alteração simplificada, de acordo com o previsto no artigo 123º

Artigo 154º – Reserva de solo

1 – Os planos territoriais podem estabelecer reservas de solo para a execução de infraestruturas urbanísticas, de equipamentos e de espaços verdes e outros espaços de utilização coletiva.

2 – A reserva de solo que incida sobre prédios de particulares determina a obrigatoriedade da sua aquisição, no prazo estabelecido no plano territorial ou no respetivo instrumento de programação.

3 – Na falta de fixação do prazo a que se refere o número anterior, a reserva do solo caduca no prazo de cinco anos, contados da data da entrada em vigor do respetivo plano territorial.

4 – São responsáveis pela aquisição dos prédios abrangidos pela reserva de solo, as entidades administrativas do Estado, das regiões autónomas ou das autarquias locais, em benefício das quais foi estabelecida aquela reserva.

5 – Findo o prazo a que se referem os nºs 2 e 3, sem que se verifique a aquisição dos prédios abrangidos, a reserva de solo caduca.

6 – O disposto no número anterior não se aplica quando a ausência de transmissão do prédio resulte da falta de execução do plano ou do incumprimento dos deveres urbanísticos, por parte do proprietário, designadamente dos deveres de realização de cedências, no âmbito de mecanismos de perequação ou da execução de operações urbanísticas previstas no plano.

7 – Os municípios são obrigados a declarar a caducidade da reserva de solo e a proceder à redefinição do uso do solo, salvo se o plano territorial vigente tiver previsto o regime de uso do solo supletivamente aplicável.

Artigo 155º – Direito de preferência

1 – Sem prejuízo do previsto no regime jurídico da reabilitação urbana, os municípios têm o direito de exercer preferência nas transmissões de prédios, realizadas ao abrigo do direito privado e a título oneroso, no âmbito de execução de planos de pormenor ou de unidades de execução, designadamente para reabilitação, regeneração ou restruturação da propriedade.

2 – O direito de preferência pode ser exercido com a declaração de não aceitação do preço convencionado, desde que o valor do terreno ou dos edifícios, de acordo com a avaliação efetuada por perito da lista oficial de escolha do preferente, for inferior em, pelo menos, 20% ao preço convencionado.

3 – No caso do número anterior, se o transmitente não concordar, por sua vez, com o oferecido pelo preferente, o preço a pagar no âmbito da preferência deve ser fixado nos termos previstos para o processo de expropriação litigiosa, com as necessárias adaptações.

4 – O procedimento do exercício do direito de preferência é fixado em decreto regulamentar.

Artigo 156º – Direito de superfície

1 – Os municípios podem constituir direitos de superfície sobre bens imóveis do seu domínio privado para a prossecução de finalidades de política pública do solo.

2 – O direito de superfície é constituído a título oneroso, exceto quando as operações a realizar pelo superficiário prossigam diretamente interesses públicos relevantes e constituam contrapartida económica suficiente do direito conferido.

3 – Quando o direito de superfície for constituído a título oneroso, a contrapartida exigida ao superficiário pode consistir no pagamento de quantia pecuniária, única ou periódica, ou em qualquer outra prestação que assegure a equivalência financeira em relação ao benefício conferido.

4 – O procedimento do exercício do direito de preferência é fixado em decreto regulamentar.

Artigo 157º – Demolição de edifícios
A demolição de edifícios deve ser autorizada:
a) Quando for necessária para a execução de plano de urbanização ou plano de pormenor;
b) Quando for integrada em operação de reabilitação urbana, prevista no quadro de uma unidade de execução ou de plano intermunicipal ou de plano municipal;
c) Quando os edifícios careçam de condições de segurança ou de salubridade indispensáveis ao fim a que se destinam e a respetiva beneficiação ou reparação for técnica ou economicamente inviável;
d) Quando as características arquitetónicas dos edifícios ou a sua integração urbanística revelem falta de qualidade ou desadequação.

Artigo 158º – Concessão de utilização e exploração do domínio público
1 – O Estado, as regiões autónomas e as autarquias locais podem celebrar contratos de concessão ou conceder licenças de uso privativo de bens que integram o seu domínio público, designadamente para efeitos de utilização, exploração ou gestão de infraestruturas urbanas e de espaços e equipamentos de utilização coletiva.
2 – Aos contratos de concessão referidos no número anterior é aplicável o disposto no Código dos Contratos Públicos e demais legislação complementar.

Artigo 159º – Expropriação por utilidade pública
1 – Podem ser expropriados os terrenos ou os edifícios que sejam necessários à execução dos programas e dos planos territoriais, bem como à realização de intervenções públicas e instalação de infraestruturas e de equipamentos de utilidade pública.
2 – As expropriações referidas no presente artigo seguem o disposto no Código das Expropriações.
3 – Podem, designadamente, ser expropriados por causa de utilidade pública da execução do plano:
a) As faixas adjacentes contínuas, de acordo com o previsto nos planos territoriais, destinadas a edificações e suas dependências, nos casos de abertura, alargamento ou regularização de ruas, praças, jardins e outros espaços de utilização coletiva;
b) Os terrenos destinados a construção adjacentes a vias públicas de áreas urbanas, quando os proprietários, notificados para os aproveitarem em edificações, o não fizerem, sem motivo legítimo, no prazo de 18 meses a contar da notificação;

c) Os prédios urbanos que devam ser reconstruídos ou remodelados, em razão das suas pequenas dimensões, implantação fora do alinhamento, más condições de segurança e salubridade ou falta de qualidade estética, quando os proprietários não derem cumprimento, sem motivo legítimo, no prazo de 18 meses, à notificação que, para esse fim, lhes for feita, sem prejuízo do disposto quanto à restruturação da propriedade.

4 – Os prazos a que se referem as alíneas *b)* e *c)* do número anterior referem-se ao início das obras.

5 – Sem prejuízo do disposto nos números anteriores, a expropriação só pode ter lugar quando a constituição de uma servidão de direito administrativo ou de outros meios menos lesivos não seja suficiente para assegurar a prossecução das finalidades de interesse público em causa.

Artigo 160º – Venda forçada

1 – Em alternativa à expropriação prevista no artigo anterior, podem ser sujeitos a venda forçada:

a) Os bens imóveis necessários às operações de regeneração ou de reabilitação urbana, quando os respetivos proprietários não cumpram os ónus e deveres decorrentes de plano territorial;

b) Os edifícios em ruína ou sem condições de habitabilidade, bem como das parcelas de terrenos resultantes da sua demolição, nas situações previstas no regime jurídico da reabilitação urbana.

2 – O procedimento de venda forçada obedece ao disposto nos artigos 62º e 63º do regime jurídico da reabilitação urbana, com as necessárias adaptações.

3 – Os adquirentes dos edifícios e parcelas de terrenos ficam obrigados aos ónus e deveres a que estavam sujeitos os anteriores proprietários, os quais devem ser expressamente previstos no ato de venda forçada, assim como o respetivo prazo e programação.

4 – No caso de incumprimento previsto no número anterior, pode haver lugar a expropriação ou a retoma do procedimento de venda forçada.

Artigo 161º – Arrendamento forçado

Os edifícios e as frações autónomas objeto de ação de reabilitação podem ser sujeitos a arrendamento forçado, nos termos e condições previstas no artigo 59º do regime jurídico da reabilitação urbana, com as necessárias adaptações.

Artigo 162º – Estruturação da propriedade

1 – São operações de reestruturação da propriedade o fracionamento, o emparcelamento e o reparcelamento da propriedade.

2 – O fracionamento, o emparcelamento e o reparcelamento da propriedade do solo realiza-se de acordo com o previsto nos planos territoriais, devendo as unidades prediais ser adequadas ao aproveitamento do solo neles estabelecido.

3 – As operações de reestruturação da propriedade visam:

a) Viabilizar a reconfiguração de limites cadastrais de terrenos;

b) Contribuir para a execução de operações de regeneração e reabilitação urbanas;

c) Assegurar a implementação de políticas públicas e de planos territoriais;

d) Ajustar a dimensão e a configuração do solo à estrutura fundiária definida pelo plano intermunicipal ou plano municipal;

e) Distribuir equitativamente, entre os proprietários, os benefícios e encargos resultantes do plano intermunicipal ou plano municipal;

f) Localizar as áreas a ceder obrigatoriamente pelos proprietários destinadas à implantação de infraestruturas, de espaços verdes ou de outros espaços e equipamentos de utilização coletiva.

4 – As operações de reestruturação em solo urbano são promovidas pela câmara municipal, por associação de municípios ou pelos proprietários dos solos urbanos.

5 – As operações de reestruturação de iniciativa pública podem ser promovidas mediante imposição administrativa ou mediante proposta de acordo para reestruturação da propriedade sobre as unidades prediais a reestruturar.

6 – O município pode proceder à expropriação por causa da utilidade pública da execução do plano, nos termos do artigo 159º:

a) Se os proprietários não subscreverem o acordo proposto ou outro alternativo no prazo fixado;

b) Se os mesmos não derem início às obras ou não as concluírem nos prazos fixados.

7 – Nos casos previstos no número anterior, os edifícios ou prédios devem ser alienados pela câmara municipal em hasta pública, tendo os anteriores proprietários direito de preferência, a exercer na referida hasta pública, cuja realização lhes é notificada pessoalmente ou, quando tal não seja possível, através de edital.

8 – As operações de reestruturação respeitam o uso do solo estabelecido nos planos intermunicipais e municipais e adequam-se à localização, configuração, função predominante e utilização da propriedade.

Artigo 163º – Direito à expropriação

Os proprietários podem exigir a expropriação por utilidade pública dos seus terrenos necessários à execução dos planos, quando se destinem a retificação de estremas, indispensável à realização do aproveitamento previsto em plano de pormenor.

Artigo 164º – Reparcelamento do solo urbano
1 – O reparcelamento do solo urbano é a operação de reestruturação da propriedade que consiste no agrupamento de terrenos localizados em solo urbano e na sua posterior divisão, com adjudicação dos lotes resultantes aos primitivos proprietários ou a outros interessados.

2 – Sem prejuízo do disposto no nº 3 do artigo 162º, são objetivos específicos do reparcelamento:

a) Ajustar às disposições do plano intermunicipal ou do plano municipal, a configuração e o aproveitamento dos terrenos para construção;

b) Distribuir equitativamente os benefícios e encargos resultantes do plano;

c) Localizar as áreas a ceder obrigatoriamente pelos proprietários destinadas à implantação de infraestruturas, de espaços verdes e de equipamentos públicos.

Artigo 165º – Procedimento das operações de reparcelamento do solo urbano
1 – A operação de reparcelamento é da iniciativa dos proprietários, diretamente ou conjuntamente com outras entidades interessadas, ou da câmara municipal, isoladamente ou em cooperação.

2 – As relações entre os proprietários e o município, bem como entre os proprietários e outras entidades interessadas, são reguladas por contrato de urbanização.

3 – O contrato previsto no número anterior pode prever a transferência para as outras entidades interessadas, dos direitos de comercialização dos prédios ou dos fogos e de obtenção dos respetivos proventos, bem como a aquisição do direito de propriedade ou de superfície.

4 – A operação de reparcelamento em área abrangida por plano de pormenor que contenha as menções constantes das alíneas *a)* a *d)*, *g)* e *h)* do nº 1 do artigo 102º pode concretizar-se através de contrato de urbanização sem necessidade de controlo administrativo prévio, sendo o registo efetuado nos termos dos artigos 108º e 109º

Artigo 166º – Reparcelamento do solo urbano de iniciativa particular
1 – A operação de reparcelamento da iniciativa dos proprietários inicia-se com a apresentação de requerimento dirigido ao presidente da câmara municipal, instruído com o projeto de reparcelamento e subscrito por todos os proprietários dos prédios abrangidos, bem como pelas demais entidades interessadas, no caso de iniciativa conjunta.

2 – Às operações de reparcelamento do solo urbano por iniciativa particular são aplicáveis as disposições legais e regulamentares relativas às operações de loteamento.

Artigo 167º – Reparcelamento do solo urbano
1 – A operação de reparcelamento da iniciativa da câmara municipal inicia-se com a aprovação da delimitação da área a sujeitar a reparcelamento, que deve ser notificada a todos os proprietários dos prédios abrangidos.

2 – Sempre que algum ou alguns dos proprietários manifestem o seu desacordo, no prazo de 15 dias, relativamente ao projeto de reparcelamento, pode a câmara municipal promover a aquisição dos respetivos prédios pela via do direito privado ou, quando não seja possível, mediante o recurso à expropriação por utilidade pública.

3 – Em tudo o que não se encontre expressamente previsto no presente decreto-lei, são aplicáveis às operações previstas nos números anteriores, as disposições legais e regulamentares relativas às operações de loteamento de iniciativa municipal.

Artigo 168º – Critérios para o reparcelamento
1 – A repartição dos direitos entre os proprietários na operação de reparcelamento é feita na proporção do valor do respetivo prédio à data do início do processo ou na proporção da sua área nessa data.

2 – Os proprietários podem fixar, por unanimidade, outro critério, tendo em conta, designadamente, a participação das outras entidades interessadas nos encargos decorrentes da operação de reparcelamento.

3 – O cálculo do valor dos lotes ou parcelas resultantes do processo de reparcelamento deve obedecer a critérios objetivos e aplicáveis a toda a área objeto de reparcelamento, tendo em consideração a localização, a dimensão e a configuração dos lotes.

4 – Sempre que possível deve procurar-se que os lotes ou parcelas se situem nos antigos prédios dos mesmos titulares ou na sua proximidade.

5 – Em caso algum podem ser criados ou distribuídos lotes com superfície inferior à dimensão mínima edificável ou que não reúnam a configuração e características adequadas para a sua edificação ou urbanização em conformidade com o plano.

Artigo 169º – Efeitos do reparcelamento
1 – O licenciamento, apresentação da comunicação prévia ou a aprovação da operação de reparcelamento está sujeita às normas legais e regulamentares aplicáveis às operações de loteamento e produz os seguintes efeitos:

a) Substituição, com plena eficácia real, dos antigos terrenos pelos novos lotes;

b) Transmissão para a câmara municipal, de pleno direito e livre de quaisquer ónus ou encargos, das parcelas de terrenos para espaços verdes públicos e de utilização coletiva, infraestruturas, designadamente arruamentos viários e pedonais, e equipamentos coletivos que, de acordo com a operação de reparcelamento, devam integrar o domínio municipal.

2 – A operação de reparcelamento concretizada nos termos do nº 4 do artigo 165º produz os efeitos referidos no número anterior, com as adaptações decorrentes do disposto nos artigos 108º e 109º

Artigo 170º – Obrigação de urbanização

1 – A operação de reparcelamento que incida sobre solo urbano implica a obrigação de urbanizar a zona.

2 – A obrigação referida no número anterior recai sobre quem tiver dado início ao processo de reparcelamento, podendo, no caso de reparcelamento da iniciativa dos proprietários, ser assumida por um ou vários, caso se disponham a isso.

3 – Os custos da urbanização são repartidos pelos proprietários e as outras entidades interessadas ou por estes e pela câmara municipal nos termos do capítulo seguinte.

SECÇÃO III

Artigo 171º – Dever de indemnização

1 – As restrições impostas aos proprietários pelos planos territoriais geram um dever de indemnizar nos termos dos números seguintes, quando a compensação não seja possível.

2 – O sacrifício de direitos preexistentes e juridicamente consolidados que determine a caducidade, revogação ou a alteração das condições de licença, da comunicação prévia ou informação prévia válidos e eficazes determina o dever de justa indemnização.

3 – A restrição ao aproveitamento urbanístico constante da certidão de um plano de pormenor com efeitos registais, determinada pela sua alteração, revisão ou suspensão, durante o prazo de execução previsto na programação do plano, determina o dever de justa indemnização.

4 – De acordo com o princípio da proteção da confiança, são, ainda, indemnizáveis as restrições singulares às possibilidades objetivas de aproveitamento do solo impostas aos proprietários, resultantes da alteração, revisão ou suspensão de planos territoriais, que comportem um encargo ou um dano anormal, desde que ocorram no decurso do período de três anos a contar da data da sua entrada em vigor.

5 – Estão excluídas do número anterior, as restrições, devidamente fundamentadas, determinadas pelas características físicas e naturais do solo, pela existência

de riscos para as pessoas e bens ou pela falta de vocação do solo para o processo de urbanização e edificação que decorre da respetiva classificação prevista no plano territorial.

6 – A indemnização a que se refere os números anteriores segue o regime previsto no Código das Expropriações.

7 – Nas situações previstas nos nºs 2 a 4 são igualmente indemnizáveis as despesas efetuadas na concretização de uma modalidade de utilização prevista no plano territorial se essa utilização for posteriormente alterada ou suprimida por efeitos de revisão ou suspensão daquele instrumento e essas despesas tiverem perdido utilidade.

8 – Quando a perequação compensatória não seja possível, é responsável pelo pagamento da indemnização prevista no presente artigo a pessoa coletiva que aprovar o programa ou plano territorial que determina direta ou indiretamente os danos indemnizáveis.

9 – O direito de indemnização caduca no prazo de três anos a contar da data de entrada em vigor do plano territorial nos termos dos números anteriores.

CAPÍTULO VI

SECÇÃO I

Artigo 172º – Princípios gerais

1 – A regulação fundiária é indispensável ao ordenamento do território, com vista ao aproveitamento pleno dos recursos naturais, do património arquitetónico, arqueológico e paisagístico, à organização eficiente do mercado imobiliário, ao desenvolvimento económico sustentável e à redistribuição justa de benefícios e encargos.

2 – Os programas e planos territoriais são financeiramente sustentáveis, justificando os fundamentos das opções de planeamento e garantindo a sua infraestruturação, identificando as mais-valias fundiárias, bem como a definição dos critérios para a sua parametrização e redistribuição.

3 – A execução de infraestruturas urbanísticas e de equipamentos de utilização coletiva obedece a critérios de eficiência e sustentabilidade financeira, sem prejuízo da coesão territorial.

Artigo 173º – Mecanismos de incentivos

Os planos intermunicipais e municipais devem prever mecanismos de incentivo visando prosseguir as seguintes finalidades:

a) Conservação da natureza e da biodiversidade;
b) Salvaguarda do património natural, cultural ou paisagístico;

c) Minimização de riscos coletivos inerentes a acidentes graves ou a catástrofes e de riscos ambientais;
d) Reabilitação ou regeneração urbanas;
e) Dotação adequada em infraestruturas, transportes, equipamentos, espaços verdes ou outros espaços de utilização coletiva;
f) Habitação social;
g) Eficiência na utilização dos recursos e eficiência energética.

Artigo 174º – Programa de financiamento urbanístico

1 – Os municípios devem elaborar um programa de financiamento urbanístico que integra o programa plurianual de investimentos municipais na execução, conservação e reforço das infraestruturas gerais, assim como a previsão de custos gerais de gestão urbanística e da forma de financiamento.

2 – O programa de financiamento urbanístico é aprovado anualmente pela assembleia municipal, sob proposta da câmara municipal.

3 – O conteúdo documental que integra o programa de financiamento urbanístico é definido por portaria aprovada pelos membros do Governo responsáveis pelas áreas do ordenamento do território e da administração local.

Artigo 175º – Encargos com as operações urbanísticas

1 – As operações urbanísticas previstas em plano municipal e intermunicipal devem assegurar a execução e o financiamento das infraestruturas, dos equipamentos e dos espaços verdes e de outros espaços de utilização coletiva.

2 – Para garantia do disposto no número anterior, o plano deve fixar:

a) A realização das necessárias obras de urbanização;
b) A participação proporcional no financiamento das infraestruturas, dos equipamentos, dos espaços verdes e outros espaços de utilização coletiva, através do pagamento de taxa pela realização, manutenção e reforço de infraestruturas urbanísticas;
c) A cedência de bens imóveis para fins de utilidade pública.

3 – Ao montante da taxa pela realização, manutenção e reforço de infraestruturas urbanísticas que seja devida deve ser deduzida a participação proporcional nos encargos com a realização de infraestruturas gerais.

SECÇÃO II

Artigo 176º – Objetivos

1 – Os planos territoriais garantem a justa repartição dos benefícios e encargos e a redistribuição das mais-valias fundiárias entre os diversos proprietários,

a concretizar nas unidades de execução, devendo prever mecanismos diretos ou indiretos de perequação.

2 – A redistribuição de benefícios e encargos a prever nos planos territoriais deve ter em consideração os seguintes objetivos:

a) A garantia da igualdade de tratamento relativamente a benefícios e encargos decorrentes de plano territorial de âmbito intermunicipal ou municipal;

b) A obtenção pelos municípios de meios financeiros adicionais para o financiamento da reabilitação urbana, da sustentabilidade dos ecossistemas e para garantia da prestação de serviços ambientais;

c) A disponibilização de terrenos e de edifícios ao município, para a construção ou ampliação de infraestruturas, de equipamentos coletivos e de espaços verdes e outros espaços de utilização coletiva;

d) A supressão de terrenos expetantes e da especulação imobiliária;

e) A correção dos desequilíbrios do mercado urbanístico;

f) A promoção do mercado de arrendamento por via da criação de uma bolsa de oferta de base municipal;

g) A realização das infraestruturas urbanísticas e de equipamentos coletivos em zonas carenciadas.

Artigo 177º – Mecanismos de perequação

1 – Os municípios podem utilizar, designadamente, os seguintes mecanismos de perequação:

a) Estabelecimento da edificabilidade média do plano;

b) Estabelecimento de uma área de cedência média;

c) Repartição dos custos de urbanização.

2 – Os mecanismos de perequação devem ser utilizados de forma conjugada para garantir a repartição dos benefícios que resultem do plano, assim como dos encargos necessários à sua execução.

Artigo 178º – Distribuição de benefícios

1 – O valor dos benefícios atribuídos a cada proprietário é o resultado da diferença entre a edificabilidade abstrata e o direito concreto de construção que lhe é atribuído, nos termos a que se referem os números seguintes.

2 – A edificabilidade abstrata a atribuir a cada proprietário é expressa em metros quadrados de área de construção e corresponde ao produto da edificabilidade média prevista no plano pela área total de terreno detida inicialmente por cada proprietário.

3 – A edificabilidade média do plano é determinada pelo quociente entre a área total de construção e a área de intervenção do plano.

4 – O direito concreto de construção corresponde à edificabilidade específica de cada parcela ou lote, expressa em metros quadrados e resultante da licença ou apresentação de comunicação prévia de controlo prévio de operações urbanísticas, em conformidade com os índices e parâmetros urbanísticos estabelecidos no plano.

5 – Quando o direito concreto de construção do proprietário for inferior à sua edificabilidade abstrata, o proprietário deve receber uma compensação, nos termos a prever em regulamento municipal, designadamente, através das seguintes medidas alternativas ou complementares:

a) Desconto nas taxas que tenha de suportar;

b) Aquisição pelo município, por permuta ou compra, da parte do terreno menos edificável;

c) Transmissão de uma área correspondente à edificabilidade em defeito.

6 – Quando o direito concreto de construção do proprietário for superior à sua edificabilidade abstrata, o proprietário, deve compensar a área de construção correspondente a essa diferença, em numerário ou em espécie, designadamente através da transmissão para o domínio privado do município de uma área correspondente à área de construção em excesso.

7 – Salvo disposição contratual em contrário, a compensação é devida no momento do controlo prévio da operação urbanística.

Artigo 179º – Compra e venda de edificabilidade

1 – A compensação prevista nos nºs 5 e 6 do artigo anterior pode ser objeto de contratos de compra e venda de edificabilidade entre os proprietários ou entre estes e a câmara municipal.

2 – A compra e venda de edificabilidade pode assumir a forma de créditos de edificabilidade.

3 – As transações efetuadas ao abrigo do presente artigo são realizadas nos termos do regulamento do plano, devem ser obrigatoriamente comunicadas à câmara municipal e estão sujeitas a inscrição no registo predial.

Artigo 180º – Reserva de edificabilidade

Os planos territoriais de âmbito intermunicipal ou municipal podem prever uma percentagem de índice de construção que reservam para efeitos de perequação, definindo os termos e condições em que os valores do direito concreto de construir podem ser utilizados, bem como os mecanismos para a respetiva operacionalização.

Artigo 181º – Cálculo da distribuição perequativa intraplano

Os montantes gerados pela perequação entre todos os proprietários da área da unidade de execução devem compensar-se, de forma que o valor correspondente aos pagamentos a efetuar equilibre o valor dos recebimentos a que haja lugar.

Artigo 182º – Área de cedência média

1 – O plano diretor municipal ou intermunicipal fixa uma área de cedência média para a instalação de infraestruturas, de equipamentos e espaços urbanos de utilização coletiva, aplicável à perequação intraplano a realizar a nível municipal.

2 – Na ausência de determinação nos termos previstos no número anterior, o plano de pormenor deve fixar a área de cedência média.

3 – Para efeitos da cedência média são considerados os parâmetros de dimensionamento das áreas destinadas à implantação de espaços verdes, de equipamentos e de infraestruturas de utilização coletiva, nos termos definidos no regime jurídico da urbanização e edificação.

4 – A cedência efetiva é realizada, de acordo com o plano, no ato de individualização no registo predial dos lotes constituídos por plano de pormenor ou no procedimento de controlo prévio de operações de loteamento ou de operações com impacte relevante ou semelhante a loteamento.

5 – Quando a área de cedência efetiva for superior à cedência média, o proprietário deve, quando pretenda realizar operações urbanísticas, ser compensado, nos termos previstos no plano ou em regulamento municipal.

6 – Quando a área de cedência efetiva for inferior à cedência média, o proprietário tem que compensar os demais proprietários ou pagar a respetiva compensação urbanística nos termos definidos em regulamento municipal.

Artigo 183º – Repartição dos encargos

1 – Os encargos de urbanização para efeitos de perequação intraplano correspondem a todos os custos previstos nos planos com infraestruturas urbanísticas, equipamentos, espaços verdes e outros espaços de utilização coletiva.

2 – A comparticipação nos custos de urbanização é determinada pelos seguintes critérios:

a) O tipo de aproveitamento urbanístico determinados pelas disposições dos planos;

b) A capacidade edificatória atribuída;

c) A extensão excecional de infraestruturas para serviço de uma parcela.

CAPÍTULO VII

Artigo 184º – Atribuições

1 – É criada a Comissão Nacional do Território com a atribuição de coordenar a execução da política nacional do ordenamento do território, sustentada em indicadores qualitativos e quantitativos dos instrumentos de gestão territorial, restrições de utilidade pública e servidões administrativas.

2 – A Comissão Nacional do Território funciona na dependência do membro do Governo responsável pela área do ordenamento do território, competindo-lhe:

 a) Acompanhar a aplicação e o desenvolvimento do disposto na lei de bases de política pública de solos, do ordenamento do território e urbanismo;

 b) Emitir pareceres e recomendações sobre questões relativas ao ordenamento do território, por sua iniciativa ou a solicitação do membro do Governo responsável pela área do ordenamento do território;

 c) Acompanhar e monitorizar a elaboração do relatório nacional sobre o estado do ordenamento do território;

 d) Recomendar a elaboração, alteração ou revisão dos relatórios periódicos de avaliação sobre o desenvolvimento das orientações fundamentais do programa nacional da política de ordenamento do território, em especial sobre a articulação das estratégias setoriais;

 e) Apresentar à Direção-Geral do Território propostas de elaboração de normas técnicas e procedimentos uniformes para todo o território nacional a aplicar pelos organismos com responsabilidades e competências em matéria de ordenamento do território;

 f) Apresentar à Direção-Geral do Território propostas de elaboração de manuais técnicos de boas práticas em política de ordenamento do território;

 g) Publicar os relatórios, pareceres ou quaisquer outros trabalhos emitidos ou realizados no âmbito das suas competências;

 h) As demais competências previstas no presente decreto-lei.

3 – À Comissão Nacional do Território compete, ainda:

 a) Elaborar e atualizar as orientações estratégicas de âmbito nacional da Reserva Ecológica Nacional (REN);

 b) Acompanhar a elaboração das orientações estratégicas de âmbito regional;

 c) Produzir recomendações técnicas e guias de apoio adequados ao exercício das competências pelas entidades responsáveis em matéria de REN;

 d) Pronunciar-se, a solicitação dos municípios ou das comissões de coordenação e desenvolvimento regional, sobre a aplicação dos critérios de delimitação da REN;

 e) Emitir parecer em caso de divergência entre as entidades com competências na aprovação de delimitação da REN a nível municipal;

f) Formular os termos gerais de referência para a celebração dos contratos de parceria entre as comissões de coordenação e desenvolvimento regional e os municípios, nos termos do regime jurídico da REN;

g) Gerir a informação disponível sobre a REN, disponibilizando-a, designadamente, no seu sítio na Internet.

4 – A Comissão Nacional do Território, no âmbito das suas competências, promove as consultas necessárias aos diversos serviços da administração central, regional e local e deve facultar a informação por estes solicitada, bem como assegurar os contactos necessários com a comunidade científica e a participação dos cidadãos.

5 – Os pareceres que devam ser solicitados à Comissão Nacional do Território, nos casos previstos no presente decreto-lei, são vinculativos para as entidades responsáveis pela elaboração dos programas.

Artigo 185º – Composição

1 – A Comissão Nacional do Território é composta por representantes de entidades com atribuições em matéria de gestão territorial, nos seguintes termos:

a) Pelo Diretor-Geral do Território, que preside;

b) Por um representante de cada uma das comissões de coordenação e desenvolvimento regional;

c) Por um representante da Agência Portuguesa do Ambiente, I.P.;

d) Por um representante do Instituto da Conservação da Natureza e das Florestas, I.P.;

e) Por um representante da Associação Nacional de Municípios Portugueses;

f) Por um representante das organizações não-governamentais de ambiente e de ordenamento do território, a indicar pela respetiva confederação nacional;

g) Por um representante do município, entidade intermunicipal ou da associação dos municípios, quando estejam em causa matérias da respetiva competência.

2 – Sempre que se revele necessário em função dos interesses a salvaguardar, devem integrar a Comissão Nacional do Território, representantes que prossigam estes interesses, designadamente:

a) Um representante da Direção-Geral do Tesouro e Finanças;

b) Um representante da Direção-Geral dos Recursos da Defesa Nacional;

c) Um representante da Autoridade Nacional de Proteção Civil;

d) Um representante da Direção-Geral da Política de Justiça;

e) Um representante da Direção-Geral da Administração Local;

f) Um representante do Instituto da Mobilidade e dos Transportes Terrestres, I.P.;

g) Um representante da Direção-Geral de Energia e Geologia;

h) Um representante da Direção-Geral dos Recursos Naturais, Serviços e Segurança Marítima;
i) Um representante da Direção-Geral da Agricultura e Desenvolvimento Rural;
j) Um representante da Direção-Geral da Saúde;
k) Um representante da Direção-Geral da Educação;
l) Um representante da área metropolitana ou das comunidades intermunicipais, face aos interesses sub-regionais e municipais envolvidos.

3 – A representação das entidades referidas nos números anteriores é assegurada pelos seus responsáveis máximos, com possibilidade de delegação em titulares de cargos de direção superior de 2º grau, ou em cargos equivalentes no âmbito de outras entidades.

4 – Os representantes referidos no número anterior podem fazer-se acompanhar, nas reuniões da Comissão Nacional do Território, por técnicos das respetivas entidades ou por peritos, quando tal se revele adequado em face da ordem de trabalhos e da natureza das questões a tratar.

5 – Podem, ainda, ser convidados representantes de outros organismos ou pessoas de reconhecido mérito, em função das matérias submetidas a discussão pela Comissão Nacional do Território.

6 – Sempre que a matéria em discussão na Comissão Nacional do Território tenha incidência em atribuições de ministérios nela não representados, deve ser solicitada a participação de representantes desses ministérios na reunião.

7 – Os representantes que integram a Comissão Nacional do Território e as entidades consultadas, não têm, pelo exercício destas funções, direito a receber qualquer remuneração ou abono.

Artigo 186º – Funcionamento
1 – A Comissão Nacional do Território reúne, ordinariamente, com periodicidade bimestral, sem prejuízo do disposto no número seguinte.

2 – O presidente, por sua iniciativa ou a solicitação dos seus membros, pode convocar reuniões extraordinárias da Comissão Nacional do Território.

3 – As deliberações da Comissão Nacional do Território são tomadas por maioria dos votos dos membros presentes, com menção expressa da posição de cada um e lavrada em ata.

4 – A Comissão Nacional do Território elabora o seu regimento interno e submete-o a homologação do membro do Governo responsável pelas áreas do ordenamento do território e do ambiente.

5 – A Direção-Geral do Território presta o apoio logístico, administrativo e técnico ao funcionamento da Comissão Nacional do Território.

CAPÍTULO VIII

Artigo 187º – Princípios gerais

1 – As entidades da administração devem promover permanente avaliação da adequação e concretização da disciplina consagrada nos programas e planos territoriais por si elaborados, suportada nos indicadores qualitativos e quantitativos neles previstos.

2 – Nos programas e planos sujeitos a avaliação ambiental, deve ser garantida a avaliação dos efeitos significativos da sua execução no ambiente, por forma a identificar os efeitos negativos imprevistos e aplicar as necessárias medidas corretivas previstas na declaração ambiental.

3 – Sem prejuízo do disposto no nº 1, sempre que a entidade responsável pela elaboração o considere conveniente, a avaliação pode ser assegurada por entidades independentes de reconhecido mérito, designadamente instituições universitárias ou científicas nacionais com uma prática de investigação relevante nas áreas do ordenamento do território.

Artigo 188º – Propostas de alteração decorrentes da avaliação

A avaliação pode fundamentar propostas de alteração do plano ou dos respetivos mecanismos de execução, nomeadamente com o objetivo de:

a) Assegurar a concretização dos fins do plano, tanto ao nível da execução como dos objetivos a médio e longo prazo;

b) Garantir a criação ou alteração coordenada das infraestruturas e dos equipamentos;

c) Corrigir distorções de oferta no mercado imobiliário;

d) Garantir a oferta de terrenos e lotes destinados a edificações, com rendas ou a custos controlados;

e) Promover a melhoria de qualidade de vida e a defesa dos valores ambientais e paisagísticos.

Artigo 189º – Relatórios sobre o estado do ordenamento do território

1 – O Governo elabora, de dois em dois anos, um relatório sobre o estado do ordenamento do território a submeter à apreciação da Assembleia da República.

2 – A comissão de coordenação e desenvolvimento regional elabora, de quatro em quatro anos, um relatório sobre o estado do ordenamento do território a nível regional, a submeter à apreciação da respetiva tutela.

3 – A câmara municipal, a comissão executiva metropolitana, o conselho intermunicipal ou as câmaras municipais dos municípios associados elaboram, de quatro em quatro anos, um relatório sobre o estado do ordenamento do território, a submeter, respetivamente, à apreciação da assembleia municipal, do conselho

metropolitano, da assembleia intermunicipal ou das assembleias municipais dos municípios associados para o efeito.

4 – Os relatórios sobre o estado do ordenamento do território, referidos nos números anteriores, traduzem o balanço da execução dos programas e dos planos territoriais, objeto de avaliação, bem como dos níveis de coordenação interna e externa obtidos, fundamentando uma eventual necessidade de revisão.

5 – Concluída a sua elaboração, os relatórios sobre o estado do ordenamento do território são submetidos a um período de discussão pública de duração não inferior a 30 dias.

6 – A não elaboração dos relatórios sobre o estado do ordenamento do território, nos prazos estabelecidos nos números anteriores, determina, consoante o caso, a impossibilidade de rever o programa nacional da política de ordenamento do território, os programas regionais e os planos municipais e intermunicipais.

Artigo 190º – Sistemas nacionais de informação

1 – O Governo promove a criação e o desenvolvimento de um sistema nacional de informação territorial, integrando os elementos de análise relevante nos âmbitos nacional, regional, sub-regional e local, a funcionar em articulação com a Comissão Nacional do Território.

2 – O Governo assegura, através da Direção-Geral do Território, no âmbito do sistema de informação referido no número anterior, a utilização das seguintes plataformas eletrónicas:

a) Plataforma colaborativa de gestão territorial, destinada a servir de apoio ao acompanhamento dos programas e dos planos territoriais, quer pelas entidades responsáveis pela sua elaboração, alteração ou revisão, quer pelas entidades representativas dos interesses públicos em presença na respetiva área de intervenção;

b) Plataforma de submissão automática, destinada ao envio dos programas e dos planos territoriais para publicação no *Diário da República* e para depósito na Direção-Geral do Território, bem como ao envio para publicação no *Diário da República*, de todos os atos constitutivos dos processos de formação dos programas e dos planos territoriais identificados no artigo seguinte.

3 – A submissão automática referida na alínea *b)* do número anterior deve ser realizada de acordo com o modelo de dados aprovado pela Direção-Geral do Território.

4 – A plataforma colaborativa a que se refere a alínea *a)* do número anterior destina-se, ainda, a disponibilizar aos interessados e a todos os cidadãos os elementos relativos à elaboração, alteração, correção material, revisão, suspensão, revogação e avaliação dos programas e dos planos territoriais.

5 – Os requisitos, as condições e as regras de funcionamento e de utilização das plataformas a que se refere o nº 2, incluindo o modelo de dados aplicável,

são fixados, por portaria dos membros do Governo responsáveis pelas áreas do ordenamento do território e da modernização administrativa e do membro do Governo com superintendência sobre a Imprensa Nacional Casa da Moeda, S.A., tendo em conta a interoperabilidade com as plataformas já existentes na Administração Pública.

6 – Sem prejuízo do disposto no presente artigo, os serviços e organismos da Administração Pública devem proceder às demais consultas mútuas, para obtenção de pareceres, de informações e de outros elementos previstos no presente decreto-lei, através de meios eletrónicos, nomeadamente da plataforma de interoperabilidade da Administração Pública e do correio eletrónico.

CAPÍTULO IX

Artigo 191º – Publicação no *Diário da República*

1 – A eficácia dos programas e dos planos territoriais depende da respetiva publicação no *Diário da República*.

2 – São publicados na 1ª série do *Diário da República*:

a) A resolução do Conselho de Ministros que determina a elaboração do programa nacional da política de ordenamento do território;

b) A resolução do Conselho de Ministros que determina a elaboração do programa regional;

c) A lei que aprova o programa nacional da política de ordenamento do território, incluindo o relatório e as peças gráficas ilustrativas;

d) A resolução do Conselho de Ministros que determina a suspensão de plano municipal ou de plano intermunicipal;

e) A resolução do Conselho de Ministros que aprova o programa regional, incluindo os elementos referidos no nº 1 do artigo 155º;

f) A resolução do Conselho de Ministros ou, quando for o caso, o ato que, nos termos da lei, aprova o programa setorial, incluindo os elementos referidos no nº 1 do artigo 41º;

g) O ato que ratifica o plano diretor municipal ou o plano diretor intermunicipal, incluindo o regulamento, a planta de ordenamento e a planta de condicionantes;

h) A resolução do Conselho de Ministros que aprova o programa especial, incluindo as normas de execução e as peças gráficas ilustrativas;

i) A resolução do Conselho de Ministros que aprova as medidas preventivas, incluindo o respetivo texto e a planta de delimitação;

j) A resolução do Conselho de Ministros que suspende o programa regional, o programa setorial e o programa especial;

k) A resolução do Conselho de Ministros que determina a revogação de programa territorial.

3 – No caso da ratificação prevista na alínea *e)* do número anterior ser parcial, devem ser identificadas no regulamento publicado as disposições não ratificadas.

4 – São publicados na 2ª série do *Diário da República:*

a) Os avisos de abertura do período de discussão pública dos programas e dos planos territoriais;

b) A declaração de suspensão prevista no nº 2 do artigo 29º;

c) A deliberação municipal que determina a elaboração de plano municipal;

d) A deliberação das assembleias municipais ou da assembleia intermunicipal que determina a elaboração de programa intermunicipal;

e) A deliberação das assembleias municipais ou da assembleia intermunicipal que aprova o plano intermunicipal, incluindo o relatório e as peças gráficas ilustrativas;

f) A deliberação municipal que aprova o plano municipal não sujeito a ratificação, incluindo o regulamento, a planta de ordenamento, de zonamento ou de implantação, consoante os casos, e a planta de condicionantes;

g) A deliberação das assembleias municipais ou da assembleia intermunicipal que aprova o plano intermunicipal, incluindo o regulamento, a planta de ordenamento e a planta de condicionantes;

h) A deliberação municipal que aprova as medidas preventivas e normas provisórias, incluindo o respetivo texto e a planta de delimitação, bem como a deliberação municipal que aprova a prorrogação do prazo de vigência das medidas preventivas e das normas provisórias;

i) A deliberação municipal que suspende o plano municipal, incluindo o texto das medidas preventivas e das normas provisórias respetivas e a planta de delimitação;

j) A deliberação municipal ou intermunicipal que determina a revogação de plano diretor municipal ou de plano diretor intermunicipal.

k) A declaração da entidade responsável pela elaboração do programa ou do plano territorial, prevista no nº 3 do artigo 121º

5 – As alterações ou revisões dos programas e dos planos territoriais que incidem sobre as respetivas plantas e peças gráficas determinam a publicação integral das mesmas ou, quando for o caso, da folha ou das folhas alteradas.

6 – A publicação das plantas e demais peças gráficas referentes aos programas e aos planos territoriais, bem como das suas alterações, é efetuada mediante ligação automática do local da publicação dos atos a que se referem no sítio na Internet do *Diário da República* ao local da sua publicação no SNIT.

7 – Compete à Direção-Geral do Território assegurar a criação e o funcionamento da plataforma informática a que se refere a alínea *b)* do artigo 190º, que

garante a permanente acessibilidade e legibilidade no SNIT das plantas e peças gráficas referidas no número anterior, devendo assegurar que:

a) As plantas e peças gráficas não são alteradas;

b) Sempre que se proceda a alterações, a revisões, a adaptações ou a retificações das plantas e peças gráficas é disponibilizada uma nova versão integral das mesmas.

8 – O envio dos programas e planos territoriais para publicação no *Diário da República* é efetuado por via eletrónica através da plataforma informática prevista na alínea *b)* do artigo 190º

Artigo 192º – Outros meios de publicidade

1 – O programa nacional da política de ordenamento do território, os programas setoriais, os programas especiais e os programas regionais divulgados nos termos previstos no artigo anterior, devem ser objeto de publicitação na página na Internet das entidades responsáveis pela sua elaboração.

2 – Os programas e planos intermunicipais e os planos municipais, as medidas preventivas e as normas provisórias e a declaração de suspensão dos planos intermunicipais ou municipais, deve ser objeto de publicitação nos boletins municipais e na página na Internet das entidades responsáveis pela sua elaboração.

3 – Os programas e os planos territoriais cuja área de intervenção incide sobre o território municipal devem, ainda, ser objeto de publicação nos boletins municipais.

Artigo 193º – Depósito e consulta

1 – A Direção-Geral do Território procede, através da plataforma eletrónica a que se refere a alínea *b)* do nº 2 do artigo 190º, ao depósito de todos os programas e planos territoriais com o conteúdo documental integral previsto no presente decreto-lei, incluindo as alterações, as revisões, as suspensões, as adaptações e as retificações de que sejam objeto, bem como das medidas preventivas, disponibilizando a sua consulta a todos os interessados.

2 – As câmaras municipais devem criar e manter um sistema que assegure a possibilidade de consulta pelos interessados dos programas e dos planos territoriais com incidência sobre o território municipal, podendo fazê-lo através de ligação ao sistema nacional de informação territorial.

3 – A consulta dos programas e dos planos territoriais, prevista no presente artigo, deve, igualmente, ser possível em suporte informático adequado e através do sistema nacional de informação territorial.

Artigo 194º – Instrução dos pedidos de depósito

1 – Para efeitos do depósito de planos intermunicipais e municipais não sujeitos a ratificação, assim como das respetivas alterações e revisões, e ainda de medi-

das preventivas, a assembleia intermunicipal ou a câmara municipal, conforme a natureza do plano aprovado, remete à Direção-Geral do Território uma coleção completa das peças escritas e gráficas que, nos termos do presente decreto-lei, constituem o conteúdo documental do instrumento de planeamento territorial, bem como cópia autenticada da deliberação da assembleia municipal que aprova o plano, o respetivo relatório ambiental, os pareceres emitidos nos termos do presente decreto-lei ou a ata da conferência procedimental, quando a eles houver lugar, e o relatório de ponderação dos resultados da discussão pública.

2 – Sem prejuízo do disposto no número anterior, as entidades responsáveis pela elaboração dos demais programas e planos territoriais remetem à Direção-Geral do Território, uma coleção completa das peças escritas e gráficas que, nos termos do presente decreto-lei, constituem o conteúdo documental do instrumento de planeamento territorial.

3 – A submissão dos programas e dos planos territoriais a depósito na Direção-Geral do Território é realizada por via eletrónica, com o envio para publicação no *Diário da República*, através da plataforma informática referida na alínea *b)* do nº 2 do artigo 190º

Artigo 195º – Informação e divulgação

1 – Após a publicação no *Diário da República* de programa ou de plano territorial sujeito a avaliação ambiental, a entidade competente pela respetiva elaboração envia à Agência Portuguesa do Ambiente, I.P., uma declaração contendo os elementos referidos no artigo 10º do Decreto-Lei nº 232/2007, de 15 de junho, alterado pelo Decreto-Lei nº 58/2011, de 4 de maio.

2 – A informação referida no número anterior é disponibilizada ao público pela entidade responsável pela elaboração do plano ou do programa, através da respetiva página na Internet, podendo igualmente ser publicitada na página na Internet da Agência Portuguesa do Ambiente, I.P.

CAPÍTULO X

Artigo 196º – Comissões consultivas

Os representantes que participem nas comissões consultivas previstas no presente decreto-lei não têm, por esse facto, direito a receber qualquer tipo de remuneração ou abono.

Artigo 197º – Aplicação direta

1 – As regras estabelecidas no presente decreto-lei aplicam-se aos procedimentos já iniciados à data da sua entrada em vigor, sem prejuízo da salvaguarda dos atos já praticados.

2 – Excecionam-se do disposto no número anterior os procedimentos relativos aos instrumentos de gestão territorial que se encontrem em fase de discussão pública, à data da entrada em vigor do presente decreto-lei.

Artigo 198º – Planos especiais em vigor
1 – O conteúdo dos planos especiais em vigor deve ser integrado no prazo e nas condições estabelecidas pelo artigo 78º da lei bases de política pública de solos, do ordenamento do território e urbanismo.
2 – Na transposição dos planos especiais para os planos municipais ou intermunicipais, deve ser assegurada a conformidade entre os dois planos ao nível dos regulamentos e das respetivas plantas.
3 – Para efeitos do disposto no presente artigo são aplicáveis as regras previstas no nº 4 do artigo 3º e no artigo 91º, com as necessárias adaptações.

Artigo 199º – Classificação do solo
1 – As regras relativas à classificação dos solos são aplicáveis nos termos do artigo 82º da lei bases de política pública de solos, do ordenamento do território e urbanismo.
2 – Sem prejuízo do disposto no número anterior, os planos municipais ou intermunicipais devem, no prazo máximo de cinco anos após a entrada em vigor do presente decreto-lei, incluir as regras de classificação e qualificação previstas no presente decreto-lei, sob pena de suspensão das normas do plano territorial que deveriam ter sido alteradas, não podendo, na área abrangida e enquanto durar a suspensão, haver lugar à prática de quaisquer atos ou operações que impliquem a ocupação, uso e transformação do solo.

Artigo 200º – Instrumentos de gestão territorial
1 – Os planos setoriais e regionais devem ser reconduzidos aos novos programas setoriais e regionais, no período de dois anos, a contar da data de entrada em vigor do presente decreto-lei.
2 – Findo o prazo estabelecido para a transposição do conteúdo dos planos especiais, nos termos do artigo 78º da lei bases de política pública de solos, do ordenamento do território e urbanismo, devem os mesmos ser reconduzidos aos programas especiais, no prazo de um ano.

Artigo 201º – Extinção da Comissão Nacional da Reserva Ecológica Nacional
1 – É extinta a Comissão Nacional da Reserva Ecológica Nacional.
2 – A Comissão Nacional do Território sucede nas atribuições da Comissão Nacional da Reserva Ecológica Nacional, bem como em todas as posições jurídicas assumidas por esta.

3 – Todas as referências legais feitas à Comissão Nacional da Reserva Ecológica Nacional consideram-se feitas à Comissão Nacional do Território.

Artigo 202º – Disposição transitória
1 – Os relatórios do estado do ordenamento do território, previstos no artigo 189º, são obrigatoriamente revistos no prazo de quatro anos.

2 – Durante o período definido no artigo anterior, sempre que a necessidade de revisão de um programa ou plano territorial não esteja fundamentada em relatório sobre o estado do ordenamento do território, deve ser ponderada em sede de um relatório de avaliação elaborado especificamente para o efeito.

3 – Para efeitos de cálculo de áreas destinadas à implantação de espaços verdes e de utilização coletiva, de infraestruturas viárias e de equipamentos, sempre que os planos municipais não determinarem os parâmetros de dimensionamento, é aplicável o disposto na Portaria nº 216-B/2008, de 3 de março.

4 – As contraordenações previstas nos artigos 104º e 113º do Decreto-Lei nº 380/99, de 22 de setembro, mantêm-se em vigor até à publicação do diploma previsto no nº 5 do artigo 131º

Artigo 203º – Regulamentação
1 – No prazo de 90 dias são revistos ou aprovados os regulamentos, que definem:

a) A composição e o funcionamento da comissão consultiva que assegura o acompanhamento da elaboração do plano diretor municipal;

b) Os Critérios uniformes de classificação e reclassificação do solo, de definição da atividade dominante, bem como das categorias relativas ao solo rústico e urbano, aplicáveis a todo o território nacional;

c) A composição interdisciplinar mínima das equipas autoras da elaboração dos planos;

d) Os conceitos técnicos nos domínios do ordenamento do território e do urbanismo, designadamente, relativos aos indicadores, aos parâmetros, à simbologia e à sistematização gráfica, a utilizar nos programas e nos planos territoriais.

2 – No prazo de 180 dias são revistos:

a) O Decreto-Lei nº 159/2012, de 24 de julho;

b) O Decreto-Lei nº 107/2009, de 15 de maio, alterado pelo Decreto-Lei nº 26/2010, de 20 de março;

c) O Decreto-Lei nº 129/2008, de 21 de julho;

d) O Decreto-Lei nº 142/2008, de 24 de julho.

3 – A cartografia topográfica e topográfica de imagem a utilizar na elaboração, alteração ou revisão dos programas e planos territoriais e na aplicação de medidas cautelares e a cartografia temática que daí resulte, estão sujeitas ao previsto no

Decreto-Lei nº 193/95, de 18 de julho, republicado pelo Decreto-Lei nº 141/2014, de 19 de setembro, e às normas e especificações técnicas constantes do sítio na Internet da Direção-Geral do Território.

Artigo 204º – Regiões autónomas

1 – O presente decreto-lei aplica-se às regiões autónomas dos Açores e da Madeira, sem prejuízo das respetivas competências legislativas em matéria de ordenamento do território.

2 – As figuras de programas e de planos territoriais específicos das regiões autónomas devem enquadrar-se como modalidades específicas dos programas especiais, dos programas regionais e dos planos territoriais estabelecidos no presente decreto-lei.

Artigo 205º – Norma revogatória

Sem prejuízo do disposto no nº 4 do artigo 199º, são revogados:

a) O Decreto-Lei nº 380/99, de 22 de setembro;

b) Os artigos 28º a 31º do Decreto-Lei nº 166/2008, de 22 de agosto, alterado pelos Decretos-Leis nºs 239/2012, de 2 de novembro, e 96/2013, de 19 de julho;

c) A Portaria nº 137/2005, de 2 de fevereiro;

d) A Portaria nº 138/2005, de 2 de fevereiro, alterada pelo Decreto-Lei nº 9/2007, de 17 de janeiro.

Artigo 206º – Entrada em vigor

O presente decreto-lei entra em vigor 60 dias após a data da sua publicação.

Visto e aprovado em Conselho de Ministros de 26 de fevereiro de 2015. – *Pedro Passos Coelho – Maria Luís Casanova Morgado Dias de Albuquerque – José Pedro Correia de Aguiar-Branco – Fernando Manuel de Almeida Alexandre – António Manuel Coelho da Costa Moura – Luís Miguel Poiares Pessoa Maduro – António de Magalhães Pires de Lima – Jorge Manuel Lopes Moreira da Silva – Maria de Assunção Oliveira Cristas Machado da Graça – Paulo José de Ribeiro Moita de Macedo.*

Promulgado em 29 de abril de 2015.

Publique-se.

O Presidente da República, ANÍBAL CAVACO SILVA.

Referendado em 4 de maio de 2015.

O Primeiro-Ministro, *Pedro Passos Coelho.*

ÍNDICE GERAL

CONSIDERAÇÕES GERAIS	5
1. Das Alterações em Matéria dos Instrumentos de Gestão Territorial	7
1.1. A diferenciação da Lei de Bases entre planos e programas	7
1.2. A concretização desta alteração no RJIGT	8
1.2.1. Algumas dúvidas não resolvidas no RJIGT	8
1.2.2. A transformação dos planos especiais em programas especiais	11
1.2.3. As dificuldades inerentes ao nível intermunicipal do sistema de gestão territorial	22
1.2.4. Alterações pontuais a propósito dos planos municipais	30
2. Relacionamento entre Instrumentos de Gestão Territorial e Destes com Outros	33
3. As Questões de Ordem Procedimental	39
4. O Regime de Uso do Solo: as Tarefas da sua Classificação e Eualificação	49
5. Alterações em Matéria de Dinâmica	57
6. Das Normas Provisórias	59
7. A Execução/Operacionalização dos Instrumentos de Gestão Territorial e Indemnização	61
8. Regime Económico-Financeiro	69
9. Outras Novidades	73
10. Normas Transitórias	77
NOTAS CONCLUSIVAS	81
DECRETO-LEI Nº 80/2015, DE 14 DE MAIO	83
CAPÍTULO I – Disposições gerais	86

SECÇÃO I – Disposições gerais relativas ao planeamento territorial	86
SECÇÃO II	90
SUBSECÇÃO I – Harmonização dos interesses	90
SUBSECÇÃO II – Coordenação das intervenções	94
CAPÍTULO II	96
SECÇÃO I	96
SECÇÃO II	98
SUBSECÇÃO I – Programa nacional da política de ordenamento do território	98
SUBSECÇÃO II – Programas setoriais e programas especiais	103
SECÇÃO III	109
SECÇÃO IV	114
SUBSECÇÃO I – Programas intermunicipais	114
SUBSECÇÃO II – Planos intermunicipais e municipais	117
DIVISÃO I	117
DIVISÃO II	120
SUBDIVISÃO I – Disposições gerais	120
SUBDIVISÃO II – Plano diretor municipal	128
SUBDIVISÃO III – Plano de urbanização	131
SUBDIVISÃO IV – Plano de pormenor	134
DIVISÃO III	139
SECÇÃO V	141
CAPÍTULO III	147
CAPÍTULO IV	149
CAPÍTULO V	154
SECÇÃO I	154
SECÇÃO II	157
SECÇÃO III	165
CAPÍTULO VI	166
SECÇÃO I	166
SECÇÃO II	167
CAPÍTULO VII	171
CAPÍTULO VIII	174
CAPÍTULO IX	176
CAPÍTULO X	179
ÍNDICE GERAL	183